感谢国际关系学院 2020 年度“国家安全高精尖学科建设科研专项”资助项目《中国经济安全波动研究：任期周期的视角》（编号：2020GA02）的出版资助。

中国地方官员任期与投资增长周期关系研究

姚金伟◎著

知识产权出版社
全国百佳图书出版单位
—北 京—

图书在版编目（CIP）数据

中国地方官员任期与投资增长周期关系研究／姚金伟著．—北京：知识产权出版社，2022.1

ISBN 978－7－5130－7855－9

Ⅰ.①中…　Ⅱ.①姚…　Ⅲ.①地方政府—行政管理—影响—投资—区域经济发展—研究—中国　Ⅳ.①F832.48

中国版本图书馆 CIP 数据核字（2021）第 234869 号

责任编辑：兰　涛　　**责任校对：**潘凤越

封面设计：智兴设计室　　**责任印制：**孙婷婷

中国地方官员任期与投资增长周期关系研究

姚金伟　著

出版发行：知识产权出版社有限责任公司　　**网　　址：**http：//www.ipph.cn

社　　址：北京市海淀区气象路50号院　　**邮　　编：**100081

责编电话：010－82000860 转 8325　　**责编邮箱：**lantao@cnipr.com

发行电话：010－82000860 转 8101/8102　　**发行传真：**010－82000893/82005070/82000270

印　　刷：北京虎彩文化传播有限公司　　**经　　销：**新华书店、各大网上书店及相关专业书店

开　　本：880mm×1230mm　1/32　　**印　　张：**6.375

版　　次：2022 年 1 月第 1 版　　**印　　次：**2022 年 1 月第 1 次印刷

字　　数：156 千字　　**定　　价：**48.00 元

ISBN 978－7－5130－7855－9

摘　要

本书的研究意义在于填补了政治激励对于经济增长影响机制中间过程的研究空白，具体而言，是提出了在五年一届的政府任期中，地方官员任期同投资增长呈现出显著的“三上二下式倒 U 形”分布特征，这主要是由地方官员的实际任期所致。中国做对了激励结构，形成了中央政府和地方政府的行为默契，理性的政治家懂得顺势而为。

任期制是现代民主政治的重要体现。中国政治任期制度有别于西方国家，改革开放以来干部任期制逐步确立，中国地方政府每届任期为五年。但已有研究注意到，中国地方官员实际任期往往不满五年。中国地方官员实际任期与投资增长呈现怎样的周期性关系特征呢？固定资产投资既是中国经济奇迹的重要现象，也是中国经济增长的主要动力来源，时下中国经济进入新旧经济转换阶段，从中国政治、商业周期的视角探究中国地方官员实际任期与投资增长的关系兼具理论意义与实践价值。

本书的研究努力主要体现在五个方面。第一，基于 1978—2012 年中国省级全社会固定资产投资的面板数据进行了计量分析，证实了在一届政府五年任期中，统计上存在地方官员任期与投资增长呈现“三上二下式倒U形”分布的关系特征，即前三年投资增长较快，后两年逐渐回落。稳健性检验部分对七个五年小周期分别做了检验，除三次外部冲击所在的三个小周期存在差异性扭曲，其他四个五年小周期都存在“三上二下式倒U形”分布特征。

第二，分别用1983—2012年每个五年小周期中国全社会固定资产投资的实际年增长率做了验证，发现1983—1987年和2003—2007年这两个小政治周期非常直观地呈现出“三上二下式倒U形”分布的结构特征，1993—1997年是例外，这主要是由于当时中央政府强令地方政府缩减投资以降低通胀水平，实现“经济软着陆”所致，但在计量模型中的体现是显著的，这意味着“三上二下式倒U形”分布在地方政府仍然发挥着切实作用。来自G省1978—2012年的全社会固定资产投资年增长率数据与全国数据结论保持一致，1983—1987年和2003—2007年这两个五年小周期非常直观地呈现出“三上二下式倒U形”分布的结构特征。此外，在2008—2012年的数据中，2012年的全社会固定资产投资增长率呈现出显著上升，这验证了模型的预测结论，也强化了计量模型的科学性；G省A市2003—2016年的全社会固定资产投资增长率数据同样也证实了“三上二下式倒U形”分布的存在，特别是2003—2007年，这与全国以及G省的数据结论一致。

第三，如何理解“三上二下式倒U形”的分布特征呢？这主要是由地方政府官员的实际任期引起的。目前已有研究注意到了这一问题，但本书通过扎实的地方主要干部实际任期数据统计、调查问卷和案例统计进一步证实了这一点。本书编码了1978年至2018年16 000余名地方主官的实际任期，包括省委书记、省长、地市委书记、地市长、县区委书记和县区长等，统计结果显示这

16 000 余名地方主要干部的实际任期约为三年。笔者所建数据库是目前同类研究中数据量最大的数据库。同时，本书通过对 159 位中西部省份县处级以上地方官员的调查问卷证实了地方官员任期制约束普遍难以奏效，县区级、地市级和省级主要党政官员的实际任期预期都难以达到五年，县区级官员的实际任期预期基本上是三年，东部发达地区可能更短；同时，绝大多数的问卷对象认为官员任期与投资增长的“三上二下式倒 U 形”在实际中较普遍，这也进一步从经验观察上证实了统计发现。问卷调研也证实了发展经济的能力对于县区级和地市级官员的提拔具有重要影响。

第四，对 G 省 2003—2012 年全省省级、市级和县区级主要党政官员的实际任期进行了整理分析。G 省地处华南，属于西部省份，对该省地方官员实际任期的统计分析具有很强的可推广性，此外，其投资增长情况与全国保持一致，具有典型性。分析结果显示，省委书记和省长的平均任期为 5 年左右，基本满任；市委书记的平均任期是 45 个月，不足 4 年；市长的平均任期是 41 个月，不足 3.5 年；县（区）委书记的平均任期 34 个月，不足 3 年，即 36 个月，县（区）长的平均任期 31 个月，接近 2.5 年，即 30 个月。尤其是，G 省地方官员的实际任期同这 159 份问卷测量的地方官员实际任期的预期基本吻合，这也从侧面说明本研究具有很好的效度。研究证据进一步有力地证实了地方官员实际任期的缩水问题，提高了研究的外部效度。此外，G 省市长这一群体在省市县（区）三级主要党政官员中具有最低的晋升占比、最高的平调占比，其次是县（区）委书记群体，这个发现有助于修正周雪光（2016）提出的“层级分流”假说。

第五，对 G 省 A 市进行了深入的田野调查，在案例分析中深入官员微观激励动机，剖析“三上二下式倒 U 形”分布的形成机制。对A市重点分析了三个案例，具体考察了厅级、处级和科级干部在实际任期预期及项目投资的关系特征分布约束下的行为方式及心态动机：退路—活路心态。“为自己谋退路，给别人留活路”在官员认识上具有共识，不恋位，争取有效政治流动以实现晋升；一旦在现在岗位上遭遇重重阻力，难以做出成绩，就争取尽快流动到下一岗位上。传统上认为，官员晋升是零和博弈，但G省A市的案例显示这种博弈呈现出更多的合作性特征，即为下级或同级“腾位子”；以往的“晋升锦标赛”假说强调晋升是官员个人目标函数，但A市的调研却发现官员个人是被政治晋升秩序推着走的。A市的调研有助于修正目前的“晋升锦标赛”假说。

综上所述，本书总结出地方官员实际任期与投资增长“三上二下式倒U形”分布的形成机制。具体而言，这套机制包含了三种力量：第一种“促进”力量体现了地方官员投资的政治激励，主要是地方竞争和政治晋升的激励；第二种“收紧”力量反映了地方官员面临的约束限制条件，主要是中央防通胀的政治压力、控制地方债务额度限制以及换届敏感期“查漏补缺”，防止“一票否决”；第三种来自地方官员自身的心态，即“为自己谋退路，为他人留活路”，不恋位、不激化矛盾，实现流动或晋升。其中，地方官员的“退路—活路”心态在以往的研究中被忽视了。

此外，本书还有其他两点发现：①面板模型验证了三次大型外部政治、经济冲击对“三上二下式倒U形”分布的扭曲作用差异，其中，政治冲击的扭曲作用弱于经济冲击，而面对经济冲击时中央政府的差异性应对政策则会对此产生差异性影响，特别是，1998年亚洲金融危机时中央政府采取了“刺激内需”的政策，而2008年全球金融危机时中央政府采取了“扩大投资”的政策；②地方自主性具有深刻的社会经济和政治来源，地方政府同样是具有理性诉求的利益主体，中央—地方关系的调整需要更细致地考量地方政府的角色定位和功能发挥，地方官员的理性效用函数，特别是其微观的心态、动机值得深思。在理论贡献方面，还有助于修正周雪光提出的“官吏分途”和“层级分流”假说以及“晋升锦标赛”假说。基于本书的研究，相应地提出了政策建议以及后续的研究思考。

对于地方官员而言，在五年名义任期中，前三年是关键，第3～4年是窗口期。如何合理高效做好任期规划，对于地方官员的政治晋升或政治流动至关重要。换个角度看，中央政府以及地方上级政府恰是有效掌握了人事制度的“预期引导”，才能在纷杂的治理环境中，调动地方政府以及地方下级政府服从中央意志，完成中央任务，特别是同中央政府步调一致，实现“两个一百年”的战略目标，实现中华民族的伟大复兴。地方官员实际任期与投资增长呈现的“三上二下式倒U形”分布是理解中国政府行为的重要观察视角，相应地，中央政府也应进行有效的政策调整，既要鼓励地方政府的干劲，又能矫正地方政府的机会主义行为。

目录

第1章 导 论 ………………………………………… 1
1.1 研究背景 ………………………………………… 1
1.2 问题的提出 ……………………………………… 8
1.3 研究内容与方法 ………………………………… 9
1.3.1 重要概念界定 …………………………… 11
1.3.2 研究对象 ………………………………… 14
1.3.3 研究方法 ………………………………… 15
1.4 本书的结构与章节安排……………………… 16

第2章 文献综述：中国政治商业周期理论溯源与检验 ………………………………… 19
2.1 理论分析框架 ………………………………… 19
2.1.1 理论溯源 ………………………………… 20
2.1.2 变量测量与实证检验效果 …………… 26
2.1.3 最新进展 ………………………………… 28
2.2 实证检验 ……………………………………… 30
2.2.1 民主国家（发达民主国家和新兴民主国家） ………………………… 30
2.2.2 苏联 ……………………………………… 35

2.2.3 中国 …… 35
2.3 中国政治商业周期中的倒U形分布 …… 38
2.4 研究假设 …… 43

第3章 中国地方政府投资行为的逻辑分析 …… 54
3.1 地方政府的角色定位与范式选择 …… 54
3.1.1 改革开放以来中央—地方关系沿革 …… 55
3.1.2 地方政府行为范式梳理：混杂的“三只手” …… 57
3.1.3 地方政府自主性的由来与依据 …… 60
3.2 投资的政治经济学分析 …… 64
3.2.1 投资激励与中国经济增长：1978—2012年 …… 65
3.2.2 地方政府的理性诉求 …… 66
3.3 地方政治精英转换与选拔 …… 67

第4章 政治任期与固定资产投资的实证检验：1978—2012 …… 72
4.1 研究设计 …… 72
4.1.1 研究样本与数据来源 …… 72
4.1.2 变量测量 …… 73
4.1.3 描述性统计 …… 77
4.2 模型报告 …… 79
4.2.1 模型设定 …… 79
4.2.2 双向固定效应模型报告 …… 80
4.3 稳健性检验 …… 86

第 5 章　中国地方官员五年任期的制度安排与实际任期分布 …………………………………… 92
5.1　任期制的由来与历史沿革 …………………………………… 93
5.1.1　地方官员三年任期的历史沿革 …………………………………… 93
5.1.2　地方官员五年任期制的制度安排 …………………………………… 95
5.1.3　村（居）委会的三年任期 …………………………………… 96
5.2　地方官员的实际任期：五年中的三年 …………………………………… 98
5.2.1　地方各级官员的实际任期分布状况 …………………………………… 98
5.2.2　中国地方官员的横向流动与纵向流动 …………………………………… 105
5.2.3　中国党政干部成长历练与西方政治—行政二分的差异比较 …………………………………… 109
5.3　“三上二下式倒 U 形”分布的微观机制解释 …………………………………… 113

第 6 章　问卷报告和 G 省党政领导任期统计 …………………………………… 122
6.1　问卷调查结果报告 …………………………………… 122
6.1.1　问卷构成以及问卷对象基本情况概述 …………………………………… 123
6.1.2　地方官员实际任期分布以及官员流动认知情况 …………………………………… 124
6.2　G 省省市县（区）三级党政领导干部实际任期分布状况统计 …………………………………… 130
6.2.1　G 省投资情况报告 …………………………………… 130
6.2.2　G 省地方主要党政领导干部实际任期及去向统计 …………………………………… 134
6.2.3　官员层级分流的关键节点：市长和县（区）委书记 …………………………………… 138

第 7 章　结论与政策建议 …………………………………… 143
7.1　主要结论 …………………………………… 143
7.2　政策展望 …………………………………… 147

7.3 政策建议 …………………………………… 148
7.4 研究创新点 ………………………………… 150
7.5 研究不足与展望 …………………………… 151

参考文献 …………………………………………… 157

附录：关于地方干部政治任期与全社会固定资产投资的调查问卷 ……………………………………… 177

后 记 ………………………………………………… 182

插图索引

图 1.1　1981—2012 年全社会固定资产投资资金来源和中央、地方项目分类 …… 10
图 2.1　地方官员一届任期内对投资关注度的分布情况 …… 50
图 3.1　中国经济增长（1978—2012） …… 65
图 4.1　全社会固定资产投资年增长率变动 …… 85
图 5.1　对县区级领导干部提拔更看重经济绩效和发展经济的能力的认识 …… 115
图 5.2　对地市级级领导干部提拔更看重经济绩效和发展经济的能力的认识 …… 115
图 5.3　地方官员对任期内投资增长关注的分布情况 …… 116
图 5.4　地方官员对任期内晋升关键年份的认知分布情况 …… 118
图 5.5　地方官员对党代会前政治敏感期的认知分布情况 …… 118
图 5.6　地方官员实际任期与投资增长“三上二下式倒 U 形”分布的解释机制 …… 120
图 6.1　地方官员对任期与投资增长“三上二下式倒 U 形”分布的认知 …… 127
图 6.2　地方官员一届任期内对投资关注度的分布 …… 128
图 6.3　县区级官员晋升决定性因素（前四）分布状况 …… 129
图 6.4　地市级官员晋升决定性因素（前四）分布状况 …… 130

图 6.5 G 省 1978—2012 年基本经济社会情况 …………………… 131
图 6.6 G 省 1978—2012 年全社会固定资产投资及其经济成分构成 ………………………………………… 132
图 6.7 G 省 1978—2012 年全社会固定资产投资年均增长率波动情况 ……………………………………… 133
图 6.8 G 省 2003—2012 年全社会固定资产投资资金来源及中央项目和地方项目构成分类 ………………… 134

表格索引

表 1.1　五年计划/规划与政治换届周期的时间错配 …………… 13
表 2.1　地方官员实际任期认知的概率密度与分布………… 47
表 2.2　地方官员关于晋升敏感期认知的交叉分析………… 49
表 4.1　当代中国地方官员政治换届任期分布……………… 74
表 4.2　地方官员政治换届任期与投资增长变量分析……… 76
表 4.3　地方官员政治换届任期与投资增长分析变量
　　　　描述性统计 ………………………………………… 78
表 4.4　1978—2012 年总体模型和三个分时期
　　　　固定效应面板模型 ………………………………… 81
表 4.5　七个五年政治换届周期固定效应模型结果………… 87
表 5.1　中国地方干部实际任期分布 ………………………… 100
表 5.2　当代中国地方党政干部实际任期统计：1978—2018 年…… 102
表 6.1　问卷构成分布 ……………………………………… 123
表 6.2　问卷对象基本情况描述 …………………………… 124
表 6.3　地方官员实际任期认知的概率密度分布 ………… 125
表 6.4　地方官员对任期与投资增长关系的认知 ………… 127
表 6.5　地方官员关于晋升敏感期认知的交叉分析 ……… 128
表 6.6　G 省省、市、县（区）主要党政干部实际任期分布…… 135
表 6.7　G 省省、市、县（区）主要党政干部去向分布 ……… 137

第1章 导 论

1.1 研究背景

中国地方官员政治任期对投资增长会产生何种影响？二者之间存在怎样的关系特征？如何理解其背后的因果机制，对思考时下中国经济以及完善政府任期制，提升国家现代治理质量具有积极意义。全社会固定资产投资是观察中国经济发展的重要指标，这主要是由中国投资驱动型的经济增长模式决定的，以工业化和城镇化为代表的“双轮驱动”构成了中国语境下“发展”的实质内涵，即资本形成和强投资推动。在这个过程中，地方政府深深嵌入经济发展的微观机制、中观运作以及宏观调控。张五常在《中国的经济制度》一书中对中国发展的成就不吝美誉。大量研究证实，中国的干部体制对于经济发展贡献良多。然而，对于干部政治任期的研究则显得匮乏，特别是探究中国地方官员政治任期与投资增长的关系特征的研究显得尤为不足。从理论视角看，源起欧美的政治商业周期理论是研究该问题的重要参考。

政治商业周期理论对于中国走出“L”形周期具有重要的理论参考。经济新常态以来，中国经济面临下行和结构性调整趋势，1978—2012年平均GDP年增长率为9.93%，而进入新常态以来，GDP年增长率不断下滑，从8%到6.7%。权威人士在《人民日报》提出：“我国经济运行不可能是U形，更不可能是V形，而是L形的走势。这个L形是一个阶段，不是一两年能过去的。”① 中国经济能否实现触底反弹？中国能否再创造下一个三十年的黄金增长期？这需要探究经济新常态之前1978—2012年中国经济增长的稳定机制，特别是从地方政府的角度出发剖析机制的成因。谈到经济周期，政治商业周期理论是理解中国模式的特别合适的理论视角，从根本意义上而言，中国经济不是简单的经济现象，而是政治、经济共同作用的结果，政治的力量甚至发挥了更大的作用。

政治商业周期理论范式基本成熟。政治商业周期理论指出，在例行选举决定政治权力变更之际，现任政治领袖为谋求连选、连任，往往通过扩张性财政或货币政策刺激短期经济繁荣，以此讨好选民，赢得大选。该理论的核心假设是，选民基于经济绩效选择政治家执政，因此，经济政策的程度、本质和时机会影响选民的投票态度。政治商业周期产生的根源是选民与政治家之间存

① 2015—2016年权威人士在《人民日报》有三次重要发声：第一次是2015年5月25日在《人民日报》刊发《五问中国经济——权威人士谈当前经济形势》；第二次是2016年1月4日在《人民日报》刊发《七问供给侧结构性改革——权威人士谈当前经济怎么看怎么干》；第三次是2016年5月9日《人民日报》，刊发《开局首季问大势——权威人士谈当前中国经济》。事实上，在2016年1月4日《人民日报》刊发的《七问供给侧结构性改革——权威人士谈当前经济怎么看怎么干》中，权威人士指出，“在当前形势下，国民经济不可能通过刺激实现V形反弹，可能会经历一个L形增长阶段。解决中长期经济问题，传统的凯恩斯主义药方有局限性，根本之道在于结构性改革。”

在的信息不对称难题。对政治商业周期理论的观察，涵盖失业率、通胀水平、投资、税收收入、财政支出、赤字水平、货币供给、利率，甚至法律制定等。

在美国，政治商业周期的经验证据并不清晰一致。虽然美国是政治商业周期理论的发源地，最初的经验分析也多以美国作为主要研究对象，但美国的实证检验并不能为理论发展提供强有力的数据支持。尽管1969—1972年、1981—1984年和1988年的经验数据得到了有效检验，但其他年份的大量经验分析并未得到一致性结论。这是因为美国制度安排中总有一些抵制政治商业周期发挥作用的因素存在。第一，总统并不能为所欲为。根据美国宪法，总统公开选择操纵经济衰退或复苏，恶意操纵宏观经济政策，有被弹劾的危险，并会招致广泛的批评，危及执政。第二，行政当局并不控制所有的政策工具。美联储具有很大程度上的独立性，对货币政策具有更加直接和有力的控制和影响，也不必为了适应某种企图使经济周期进入选举周期。第三，国会中期选举的影响。总统并没有足够的时间和精力充分运作经济周期。第四，选民选举经验丰富。美国选民在联邦政府、地方政府和基层政府层面有大量的选举实践，可谓成熟的选民，对于政治操纵具有较高的辨别能力，同时，受舆论自由的保护，媒体、智库和专家学者等对选情和政治家均有深入的研究分析，为选民的投票提供了更多的信息支持。第五，宏观冲击的影响，如石油冲击和战争等，不时会对选举周期产生影响和冲击。第六，理性预期。如果选民足够理性，为选举而实行的扩张性货币政策产生的实际影响有限，但会产生严重的通货膨胀。

经验研究进一步证实，政治商业周期现象在新兴民主国家的表现最为典型。对发达国家和发展中国家的实证检验结果显示，财政周期在新兴民主国家表现强烈，一旦忽略新兴民主国家，只对发达国家进行模型检验，财政周期就消失了。

如何理解政治商业周期？实际上，政治商业周期蕴含了一个深刻的悖论，即一方面从实用主义的角度看，选前的经济操纵是谋求连任的政治家赢得选民支持的有效的政策工具；另一方面从政治伦理的角度看，选民似乎应该用选票惩罚对经济进行操纵的行为，而不是鼓励机会主义的经济操纵行为。

欧美政治商业周期理论的发展脉络基本上沿着三个维度展开。第一，理性主义和政党政治的区分。理性主义的视角强调政治家的机会主义操纵，而政党政治则基于左翼和右翼政党的不同经济政策主张。理性主义视角最早成形，政党政治视角随后建立和完善，并在经验研究领域得到扎实有力的支持，而对理性主义的不断反思成为推动政治商业周期理论发展的根本动力。第二，货币政策与财政政策的分野。Rogoff（1990）强调财政政策在政治商业周期理论应用中的重要性，并把财政政策工具引入模型中，这极大地丰富和拓展了后续研究者的思路，对财政政策工具的后续关注成为实证检验的主要切入点。第三，从以美国和经济合作与发展组织国家为代表的发达民主国家向新兴民主国家及发展中国家的拓展。最初，政治商业周期理论的经验检验集中在美国以及经济合作与发展组织国家，但经验检验上的困惑让研究者的注意力逐渐转移到新兴民主国家，这极大地推动了政治商业周期理论的繁荣，对新兴民主国家的经验检验为政治商业周期理论和实践开拓了广阔空间。从理性主义视角出发，检视新兴民主国家及发展中国家的财政政策工具在政治商业周期理论上的表现，成为国际研究的前沿探索方向。

但目前对中国政治商业周期的研究还很匮乏，这和中国在全球政治、经济格局中的地位和影响力是不相符的，因此，对中国政治商业周期进行研究是重要而紧迫的。尽管中国同欧美国家存在根本上的制度差异，但政治商业周期理论的逻辑基础却存在显著的相似之处。第一，对政治家能力的判定困难、成本高，民主国家选民通过选票来判定支持，在中国，则通过可看见和可量化的大规模发展项目和投资规模来判定；第二，政治家的激励结构是一致的，即均出于对政治任期的考虑，经济和财政政策是谋得更好政治发展的政策工具；第三，尽管面临各种制度和政治约束，政治家也有足够有效的职权推动相应的经济和财政政策；第四，均重视权力的来源，权力由谁产生对谁负责；第五，关注投票，渴望赢得更多的投票支持，尤其在差额选举中更加重要，即便是等额选举，如果选票未达到规定的足额支持仍会重新进行投票。最重要的是，1978 年以后，中国政治换届形成了稳定的政治规矩，即全国党代会和次年全国人代会第一次会议之间是密集的政治人事调整期，以全国人民代表大会第一次会议召开当年作为换届第一年，全国党代会召开作为第五年，这套政治换届制度一直延续至今。

当然，中国的政治商业周期凸显了中国政治运行中的独特性。第一，中国是单一制国家，地方政府要绝对服从中央政府，地方官员的政治仕途更多地取决于党委和上级政府的评价，地方官员也有足够的动力发展地方财政和经济。第二，尽管经济和财政政策上收，但地方官员仍然有足够有效的职权和能力主导辖区经济发展，特别是在其任期的重要关口，会采取措施以创造有利于自己政治发展的政绩或个人形象。

目前，对于中国政治商业周期已经有一些初步研究。胡鞍钢（1994）明确提出了政策周期理论，并且指出政策周期与经济周期波动基本一致。陶仪芬（2006）指出，经济周期和政治节奏紧密关联，如紧随2002年年底召开的中国共产党全国代表大会以及2003年年初的政府权力转型，形成地方政府投资繁荣。

近期的研究更加明确地关注官员任期与某一特定经济社会指标之间的倒U形关系。张军和高远（2007）基于1978—2004年在各省、自治区（西藏自治区除外）任职的省委书记和省长的详细信息以及省级经济增长的数据库证实，官员任期与经济增长关系呈现倒U形特征。聂辉华等（2013）指出，中国存在显著的政治商业周期，但这种力量不是来自自下而上的民选投票，而是来自政府自上而下的力量。周黎安等（2013）利用1998—2007年中国工业企业数据和地级层面的官员数据，证实中国制造业的资源错配程度与地方党代会周期之间的内在关系。谭之博和周黎安（2015），利用基于我国1978—2008年的省级面板数据，证实信贷投放与固定资产投资都与该省主要官员，如省委书记与省长的任期呈现倒U形关系，转折点在第三年至第四年，且与省长相比，倒U形关系对省委书记的任期更显著。耿曙、庞保庆和钟灵娜（2016）基于全国省级、地市与江苏省县级领导的基建投入数据，考察任期制度如何塑造官员的行为激励，地方领导任职十分类似于“试用期”任职，据此提出了中国官员的“弹性任期”。

中国政治商业周期是理解“中国模式”的重要视角。中国经济增长机制挑战了强调私有经济和金融自由的自由主义经济学范式。将中国经济腾飞归结于全球化，特别是外商投资，还是归结于中国内生性改革和制度激励，学者们对此争论较多。即便是强调外商投资重要性的黄亚生（2012）也坚信中国内生性改革和制度激励对中国经济增长奇迹起决定性作用。

激励地方政府是中国内部改革的重要政治考量。事实上，在改革开放进程中，伴随着改革路线之争和权力继任变更，中央领导人比较重视地方领导人，以便争取地方改革的支持，巩固中央权力当局的力量，逐渐实现政治精英更迭，在这种政治竞争背后，地方拥有了更多的经济投资和财政自主权。根据谢淑丽（1993）的观察，重视地方领导人对政权巩固的重要性在中华人民共和国成立初期就存在，而在20世纪80年代变得更为重要，但似乎到了20世纪90年代这个政治逻辑才成为最重要的政治竞争方式。地方政府的重要性的根源在于高度时空压缩型的发展路径，以及资本形成的发展过程中需要的劳动力、土地、资源等基本要素都沉淀在地方政府，中央政策或外部资金嵌入地方政府，无论是出于政治目的还是发展经济的目的，这种形式一旦启动，地方政府就赢得了发展的自主权和发展空间。

经济增长靠地方政府。地方政府在中国经济发展中扮演着重要角色，理解中国政治商业周期不能脱离地方政府的视角。改革开放进程中，地方政府在中国式分权的制度激励下深刻嵌入经济活动中。学者先后提出了诸多关于地方政府的范式，这些分析概念整体上承认了地方政府在经济社会转型中扮演的积极性角色。理论上，省级政府以下直至乡镇，都构成了地方政府的讨论范畴，地方政府在横向幅度和纵向层级上的巨大跨度增强了研究的丰富度。在“命令—服从”和“领导—自主”的双重中央—地方关系紧张而激烈的张弛之间，地方政府在推动地方经济发展的同时，既要面对来自加大民生服务保障、维护社会稳定、保障税收增长等多重中央的目标考核要求，同时也受到来自债务、环保、法治、舆论等严苛的行为约束限制。大量实证研究证实，地方政府并非中性。事实上，地方政府存在广泛的理性利益诉求，其目标函数相当复杂，倘若不能明确地方政府的行为逻辑，对中国模式的讨论势必陷入“虚无主义”。站在地方政府的角度，特别从政治任期的视角理解中国政治商业周期具有十分重要的理论意义和现实意义。

1.2 问题的提出

在地方官员的日常生活场景中经常会看到这样一种矛盾的场景。一方面，干部流动频繁、任期过短，似乎有故意偷懒之嫌，如河北省邯郸市20年更换12任市长，① 其平均任期不足两年；湖北省武汉市10年更换5任市委书记，襄阳市换得更频繁，10年换了6任市委书记；② 另一方面，地方政府各级官员又大多夜以继日地工作，“5+2”“白+黑”等成为常态，这似乎又是“埋头苦干”的力证。可见地方官员任期着实对其行为，特别是投资行为具有深刻影响。干部任期制是改革开放以来中国政治民主化的重要成果。

中国地方政府各级官员一届的任期是五年，但实践中，地方省级、地市级、县区级和乡级的官员都能在每届任期做到届满吗？经调查显示，地方政府主要党政领导干部的实际任期是3年。当然这主要集中于县区级的地方官员，部分地市级的领导也适用，如邯郸、武汉和襄阳等地市的领导实际任期是2年，而乡镇主要党政领导官员的实际任期更短；同时从省级到县级，多数地方主要领

---

① 赵健．邯郸八位市长无人任满五年 父母官变换如走马灯［EB/OL］. 2009－01－22［2010－02－25］. http：//news. sohu. com/20090122/n261891515. shtml.

② （佚名）湖北等五省高产市委书记 武汉十年换5任市委书记［EB/OL］. 腾讯·大楚网 2013－12－21［2014－03－04］. http：//hb. qq. com/a/20131221/002949_all. htm#page1.

导的变更都集中在第三年。如果考察历史上的地方官员任期，可以发现，明朝和清朝时期地方官员的实际任期同样不足3年（周雪光，2016）。中国历史上的地方官员任期经历了“久任制—考任制—任期制”的变迁，隋朝和唐朝期间形成了地方官员的“三年制”任期，并在宋朝得以完善成熟，当然，宋朝地方官员的实际任期同样不足三年，此后在明朝和清朝得以延续。中国共产党对任期制经历了一个摸索的过程，改革开放以后，建立地方各级政府任期制逐渐提上了日程，并于2006年正式确立各级地方政府实行五年任期制。但各级地方政府主要党政领导的实际任期分布却存在差异，从省级到地市级，再到县区级和乡镇政府，官员实际任期同任期制要求的五年不完全相同。

中国地方官员政治任期同投资增长呈现怎样的周期性关系特征分布，是否具有稳定的结构特征呢？如何理解这种关系特征的形成过程和机制呢？地方官员实际任期扮演了怎样的角色呢？对这些问题进行深入研究有助于深刻理解中国模式，并为优化干部任期、完善中央官制、提升中国干部管理体制的现代治理质量等政策改革提供研究支持。

1.3 研究内容与方法

全社会固定资产投资是重要的观察指标。图1.1报告了中国历年全社会固定资产投资[①]在1981—2012年的分布状况，资金构成

① 依据《中国统计年鉴》中的指标解释，全社会固定资产投资是指以货币形式表现的在一定时期内全社会建造和购置固定资产的工作量以及与此有关的费用的总称。该指标既是反映固定资产投资规模、结构和发展速度的综合性指标，也是观察工程进度和考核投资效果的重要依据。

占比中，国家预算占比不超过7%。这表明全社会固定资产投资数据是优质的数据和观察指标，高质量数据是理论检验的有力支持。在已有研究中，有学者使用基建支出或财政支出数据作为观察指标，这两组数据存在的主要问题是政府预算资金所占比重过高，体现了政府调控中偏计划的作用过强。而全社会固定资产投资则不然，最主要的来源是社会自筹，这就能很好地反映政府行为对全社会投资的刺激和引导作用。

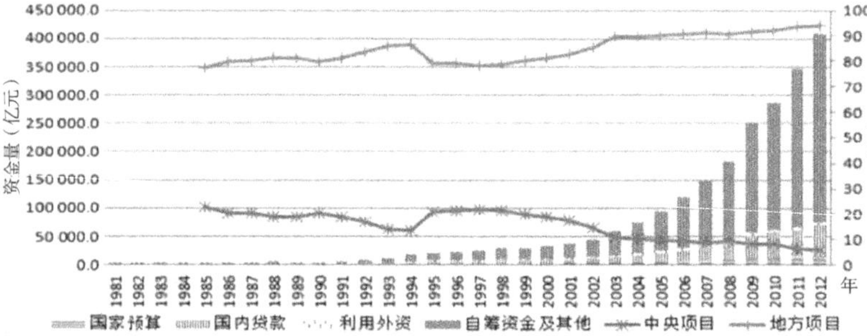

图1.1　1981—2012年全社会固定资产投资的资金来源和中央、地方项目分类

数据来源：国家统计局，《中国统计年鉴2013》。

地方项目占比远高于中央项目，这凸显了地方政府在发展进程中的自主权，这是由中国经济增长的结构性因素导致的。中央企业是中央政府调控能力的保证，地方政府则是经济发展的重要来源。全社会固定资产投资是理解中国投资和经济发展的关键指标。

本书从制度激励和外部冲击两个维度着手进行剖析。其中制度激励包括宏观层面上中央政府和地方政府关于“投资—通胀/债务”的不同偏好和行为博弈，微观层面则具体涉及地方官员的实际任期预期，特别是任期内的项目投资规划。改革开放进程中出现的三次外部政治经济冲击以及中央政府的应对政策产生的差异性影响同样值得深思。

走出“L”形周期底部、触底反弹依赖的是中国经济增长的内生机制。1978—2012年中国经济增长存在稳定的内生结构，这是中央和地方反复博弈形成默契合作的结果。中央政府通过“中国式分权”的制度结构，既鼓励地方经济发展，特别是投资驱动的持续热情，又有效驾驭通胀压力。在激烈的地方竞争和外部冲击下，中国经济整体在高速、安全的轨道上前进，但这不可避免地带来了经济的周期性波动。地方政府是经济周期性波动的直接缔造者，中央政府却是问题的答案和“麻烦解决者”。当中央政府需要地方政府“鼓足干劲”时，中央政府甚至会对地方政府一定程度上的政策实践采取宽松的态度；当经济出现过热苗头，中央政府会通过采取较为温和的“微调”来实现经济“软着陆”。这套合作机制的关键在于地方政府的“理性预期”，即地方领导通过理解中央高层的意图以及分析中央政策的“调控周期”，试图在经济周期性波动中获得最大利益，在关键关口进行最后冲刺，“快别人一步”，赢得个人政治晋升以及地方发展方面的优势。中央政府则通过干部人事制度，掌握了地方政府领导的“达摩克利斯之剑”。但随着“微调”政策收效锐减，中央政府也不得不加强“一刀切”，政策调控的僵化也带来了更高的调适成本。激励和有效约束地方发展的投资热情是中国把握周期节奏的关键。

1.3.1 重要概念界定

第一，地方官员政治任期。中国共产党第十一次全国代表大会召开以来，中国政治换届形成了稳定的制度性“政治规矩”，即先开中国共产党全国代表大会，紧接着召开全国人民代表大会，而在这期间则构成了密集的政治人事调整。中国共产党十一大于1977年8月召开，第五届全国人民代表大会第一次会议于1978年2月召开；中国共产党十二大于1982年9月召开，第六届全国人民代表大会第一次会议于1983年6月召开；中国共产党十三大于1987年10月召开，第七届全国人民代表大会第一次会议于1988年3月召开；中国共产党十四大于1992年10月召开，第八届全国人民代表大会第一次会议于1993年3月召开；中国共产党十五大于1997年9月召开，第九届全国人民代表大会第一次会议于1998年3月召开；十六大于2002年11月召开，第十届全国人民代表大会第一次会议于2003年3月召开；十七大于2007年10月召开，第十一届全国人民代表大会一次会议于2008年3月召开。由此，1978年以来，中国政治换届形成了稳定的制度机制，即以全国人民代表大会第一次会议的召开年作为第一年，以中国共产党全国代表大会的召开年作为第五年，这五年构成了一届政府的政治任期。

改革开放以来，干部任期制逐渐取代了终身制，并且得以制度化和法律化。中共十二大报告与1982年宪法提出了政治任期制。1995年开始我国陆续出台了多项有关干部任期制的政策法规，如2000年制定了《深化干部人事制度改革纲要（2001—2010）》，2004年修正了《中华人民共和国地方各级人民代表大会和地方各级人民政府组织法》，2006年制定了《党政领导干部职务任期暂行规定》等系列文件，这些政策法规奠定了干部任期制的法律和党规依据。

特别值得指出的是，虽然五年规划是理解中国目标治理的重要视角，但对投资的周期性进行研究则存在诸多不便。第一，五年规划反映了中央政府有效计划管理的思维，而投资的周期性则更多体现了地方政府的主动性和地方官员的意志。胡鞍钢（2010）指出，五年规划是依据党代会报告制定的，党代会报告是政治总纲领，五年规划是经济总纲领。浓厚的中央意志充分体现在其目标实施机制上。

第二，时间周期不一致。如表1.1，五年计划/规划的年份周期同党代会及政治换届周期并不重叠，间隔较大，且五年计划/规划的制定时间与公布时间也并未形成稳定机制。表1.1报告了五年计划/规划与政治换届周期的时间错配情况。根据鄢一龙（2013）的研究，中国五年计划/规划按照“分层决策、平行编制、纵向引导”的模式编制，经历了前期编制、党代会建议、编制草案、审议通过四个阶段。这就决定了五年规划的时间区间同党代会和全国人民代表大会的稳定时间安排存在显著差异。另外，五年计划/规划代表了经济总纲领，而官员任期和政治换届则是典型的政治过程，从这一视角探讨地方官员任期与投资增长的周期性关系凸显了本书的创新性。

表1.1 五年计划/规划与政治换届周期的时间错配

五年计划/规划名称	目标年份周期	制定时间（年）	公布时间（年）	全国党代表大会
五五计划	1976—1980	1974	1977	中共十一大（1977）
六五计划	1981—1985	1980	1982	中共十二大（1982）
七五计划	1986—1990	1983	1986	中共十三大（1987）
八五计划	1991—1995	1990	1992	中共十四大（1992）

续表

五年计划/规划名称	目标年份周期	制定时间（年）	公布时间（年）	全国党代表大会
九五计划	1996—2002	1995	1995	中共十五大（1997）
十五计划	2001—2005	2000	2001	中共十六大（2002）
十一五规划	2006—2010	2005	2006	中共十七大（2007）
十二五规划	2011—2015	2010	2010	中共十八大（2012）

资料来源：根据历届全国党代会及历次五年计划/规划的时间整理，作者自制。

第三，过度简约治理造成有些地方政府对五年规划执行不力。中央制定五年规划之后，地方政府在实施中普遍面临“重编制，轻实施”的问题。姜佳莹、胡鞍钢、鄢一龙（2017）指出，由于各地发展水平差异较大，有些地方政府对五年规划目标指标的执行不同程度上存在选择性执行、消极执行以及执行中断等情况。从根本意义来说，地方政府有最大化投资规模和经济增长的冲动。

1.3.2 研究对象

中国经济增长呈现鲜明的投资驱动型特征。就世界范围而言，中国经济增长具有高投资率和高投资增长的“双高特征”。加入世界贸易组织（World Trade Organigation，WTO）之后，中国的投资率同世界和区域平均水平的差距快速扩大，2008 年全球经济危机后，这个差距进一步拉大。投资驱动是中国经济增长的鲜明特征。与投资率节节攀升相对应的是投资对中国经济增长的贡献率也不断提高。改革开放初期，消费和投资对中国经济增长的贡献表现出较为明显的互补性。随着供给能力的提升，消费对于中国经济增长的贡献趋于下降，投资发挥了越来越重要的作用。加入 WTO 以来，净出口和投资对中国经济增长的贡献呈现出较为显著的互补性，而消费对中国经济增长的贡献则较为稳定。当然投资的快速增长也会带来一定的消极意义，特别是影响了居民消费福利的提升，并带来了严重的产能过剩和重复建设等问题。

全社会固定资产投资交付使用率是衡量投资效率的重要指标。中国投资增长快于GDP增长已成为常态，但伴随投资的快速持续增长，投资效率变化较大，整体呈下行趋势。20世纪90年代后期，以社会固定资产投资交付使用率衡量的投资效率处于高位，高达75%，这与这一时期总体投资率下降形成鲜明对比。加入WTO以来，中国投资率水平不断提高，但社会固定资产投资交付使用率不断走低，较长时期维持在60%的水平。房地产和交通运输设备制造业的固定资产投资交付使用率尤为低下，这意味着这两个行业的投资未能形成实际的固定资产，从而无法交付使用，投资过剩问题凸显。与之形成鲜明对比的是农林、水利、基础设施、医疗教育、环境保护等公共行业投资欠账较多，经过十多年的发展，截至2013年，农、林、牧、渔业固定资产交付使用率达到68.7%，教育业和社会保障业达到71%，卫生、社会保障、社会福利业为68.7%，环境管理业为66.6%。投资效率折射出了经济发展中的要素效率以及产业结构的优先次序问题，这是一个复杂的政治经济学问题，超出了单一的经济技术效率。

1.3.3 研究方法

（1）经典文献分析法。迄今，有关政治商业周期和地方政府等话题的研究，已经呈现出异常丰富的文献。对这些文献的梳理和分析，对定性和定量的研究具有直接的指导意义。对政治商业周期的文献梳理总体沿着四个维度展开：①理性主义和政党政治的理论框架；②财政政策和货币政策的工具切入；③欧美发达国家、新兴民主国家实证检验；④引入中国问题研究的理论和实证成果总结。考虑到地方政府的重要性，本书对中国地方政府的行为逻辑进行了系统的文献整理。

（2）统计计量分析法。选定变量的操作化指标，本书所用全部数据均来自《新中国六十年统计资料汇编》和《中国统计年鉴》等公开统计资料，以此进行统计分析。在计量方法上选择双向固定效应模型，并进行稳健性检验。以此证明统计上的显著性相关。

（3）调查问卷。通过县处级以上地方官员的调查问卷可以细致分析其实际任期和对官员流动的认识等。研究过程中共发放问卷200份，收回179份，其中有效问卷159份，有效问卷率为79.5%。问卷对象为县处级以上的地方官员，具体如副市长、县（区）长、副县（区）长以及各市直机关职能部门负责人等；选取的问卷对象来自湖南省衡阳市、贵州省安顺市、四川省成都市和贵州省贵阳市等。这些城市主要位于中西部地区，一般而言，东部地区干部实际任期普遍不满届，干部流动频繁，中西部地区是否也存在这一现象呢？对这些地方官员的实际任期以及官员流动进行调查更有说服力。

1.4 本书的结构与章节安排

本书各章节安排如下。第1章提出研究问题，核心是探讨“中国地方官员任期与投资增长之间的周期关系”这一问题的缘起、研究意义以及研究设计，特别是放在政治商业周期的理论视角下进行中国问题的讨论，尤其关注地方官员任期制对投资增长的影响。

第2章和第3章分别从政治商业周期和中国地方政府投资行为

逻辑两个理论维度进行文献综述，并分别从宏观层面和微观层面提出研究假设，核心在于讨论“中国地方官员任期和投资增长之间周期性关系特征”这一问题的理论对话以及进一步突出地方政府的考察视角，特别是强化对中国问题研究的问题意识以及理论拓展的空间。目前学界对中国政治商业周期的研究主要集中在探究干部任期与某一经济社会变量之间的相互关系，本书延续了这一研究范式，着力探究地方官员任期与全社会固定资产投资的关系特征，丰富了这一领域的研究，拓展了中国政治商业周期问题的研究内涵。

第4章是实证检验，通过对1978—2012年中国省级地方政府的面板数据进行分析，构造了双向固定效应模型，证实了在五年政府任期中，中国地方官员任期同全社会固定资产投资之间存在稳定的“三上二下式倒U形”分布；在稳健性检验中，以每五年作为一个单独的小周期，细分了七个周期，逐一进行细致检验，有力地证实了这一分布特征。

第5章阐释了中国地方官员五年任期制的制度安排由来以及实际任期分布，包括历史上的地方官员实际任期、中华人民共和国成立以来的干部任期状况以及改革开放以来五年制的任期制度安排及形成过程；并且具体总结了目前研究中讨论的中国地方官员实际任期分布情况。此外，具体剖析了“三上二下式倒U形”分布的微观机制，特别是细致讨论了“三种力量”，即“促进”力量、“收紧”力量、官员“退路—活路”心态。

第6章报告了159份县处级以上地方官员问卷调研结果和G省省市县（区）三级地方主要党政领导干部的实际任期分布的统计分析。问卷调研结果验证了地方官员实际任期预期、任期内项目投资规划以及对县区和地市官员晋升的决定性因素的认知。对G

省的典型案例分析则整理统计了 2003—2012 年全省省级、市级和县区级官员的实际任期及流动去处，并与问卷调研中的地方官员实际任期的认知情况做比对，进一步验证了统计发现和地方官员实际任期。

第 7 章总结和讨论，根据本书的研究结论提出政策建议，并具体分析了本书的研究创新点和不足，提出了下一步研究展望。本书的贡献主要体现在发现并验证地方官员政治任期与投资增长存在的稳定的“三上二下式倒 U 形”分布，填补政治激励对于经济增长影响的过程机制分析的空白。此外，本书的研究还有助于进行其他理论拓展，特别是地方官员任期优化以及中国公务员队伍的专业化建设等研究。

第 2 章　文献综述：中国政治商业周期理论溯源与检验

2.1　理论分析框架

政治商业周期理论在欧美经历了半个世纪的激烈争论。从凯恩斯的一般性启发到20世纪70年代的“前理论阶段”辨析，再到诺德豪斯（Nordhaus）的开创性工作，以及五大模型的创立及其风行新兴民主国家和发展中国家的实证检验，在理论与实证的交织碰撞下，政治商业周期理论充满了生命力。中国在政治商业周期理论方面的讨论是不足的，伴随着改革开放，中国更深入地融入全球经济和政治格局，并在全球治理方面承担了更多的大国责任。中国方案也成为全球治理的重要参考来源，对中国政治商业周期的讨论是中西方关于发展顶层设计问题的重要交流平台，既是一个让西方了解和理解中国奇迹的平等理论视角，也是中国理论自信、道路自信、制度自信、文化自信的生动体现。在“全球村”时代，所谓的“先进成果和优秀经验”似乎更应让位于平等交流和相互学习。毕竟，所有的一般性知识均是地方性知识的拓展和流行。

2.1.1 理论溯源

政治商业周期理论可以追溯到约翰·梅纳德·凯恩斯。他在经典之作《就业、利息和货币通论》中阐述：资本主义市场经济的周期性波动是由资本的投资回报率决定的。① 他认为资本的边际效率最为关键，投资不足是消费不足的原因，凯恩斯在“商业周期”一节中具体做了阐释。随着凯恩斯主义在欧美的风行，政府对宏观经济的调控能力日益增强。宏观经济管理甚至有了明确的目标，即充分就业、降低通胀、促进经济增长以及国际收支平衡。政府对宏观经济的管理能力引发了对宪政民主的担忧，政治家能否通过操纵宏观经济赢得选票，谋求连选连任。

20 世纪 70 年代，对政治的不信任以及社会的反抗情绪刺激了政治商业周期理论的形成和发展。就经验研究而言，Kramer (1971) 率先实证分析了美国国会选举对经济的决定性影响。实证结果显示，国会选举战争中，选举年的人均实际收入增长率和通

---

① 凯恩斯．就业、利息和货币通论［M］．高鸿业，译．北京：商务印书馆，2014：329 - 345。对于资本边际效率，即资本未来收益的预期如何引致了经济周期，凯恩斯具体写道，“繁荣期的特征，是一般人对资本的未来收益作乐观预期，因此即使资本品逐渐增多，其生产成本逐渐增大，或利率上涨，但都不足以阻碍投资增加。但在有组织的投资市场上，大部分购买者都茫然不知所购为何物，投机者注意的也不在于对资本资产未来收益作合理的估计，而在于推测市场情绪在最近的未来有什么变动，因此乐观过度、购买过多的市场，当失望来临时，来势骤而激烈。不仅如此，资本的边际效率宣布崩溃时，人们对未来的看法也随之黯淡，于是灵活偏好大增，利率仍上涨，这一点可以使投资量减退得非常厉害。但是事态的重心仍在资本边际效率之前崩溃，尤其是以前被人非常垂青的资本品。至于灵活偏好，则除由于业务增加或投机增加引起的，须在资本边际效率崩溃以后才增加”。

货膨胀率同主导性政党的得票显著相关。随后，Tufte（1975，1978）和Fair（1978）继续他的研究工作，并进一步确认，经济状况越好越有利于国会中主导性政党的选战。Kramer和Fair的研究被复制到了其他发达国家，Lewis-Beck（1988）发现英国、法国、西德、意大利、西班牙同样存在这一情况，Madsen（1980）对丹麦、挪威、瑞典的研究也发现了这一点。总体而言，选前的经济状况，特别是人均产出或人均收入的增加（或是通货膨胀的下降）对于美国及其他发达民主国家的选举具有显著性影响。然而这些研究过于碎片化，并且缺乏理论模型的有效建构，最重要的是缺乏理论解释的预见性。直到Nordhaus（1975）在一般性经验研究基础上进行了机会主义模型建构，政治商业周期理论才获得了理论发展的生命力。

政治商业周期主要有两个分析视角，即理性主义和政党竞争。从理论模型看，具体有五种模型，分别是机会主义模型（Nordhaus，1975）、政党模型（Hibbs，1977）、修正的政党模型（Alesina，1987，1988）、一般均衡模型（Rogoff和Sibert，1988；Rogoff，1990）、积极财政政策和消极货币政策模型（Drazen，2000）。Nordhaus（1975）的研究被认为是政治商业周期理论的奠基之作，他在这篇论文中阐释了政治家通常选择战前进行经济操作，以谋求政治上的民意支持优势。他指出，如果选民投票是基于最近的经济状况，其对通胀的预期就是滞后的，那么一个投机的连任者可以控制货币政策，根据“菲利普斯曲线”，通过短期的低利率政策营造选前的经济繁荣态势，而一旦当选，随即而至的衰退反而可以进一步强化其干预经济的能力。这个模型面临三个批评。第一，总统并不直接控制货币政策，货币政策由相对独立的美国联邦储备系统（以下简称美联储）制定。当然支持者会强调行政机构对于货币政策的制定具有很强的影响作用，但就实践而言，总统操纵货币政策不符合美国的制度安排，而且美联储迎合连任者操纵利率的行为也会招致广泛的批评。第二，夸大了选民的非理性行为。认为选民太单纯，容易糊弄，低估了选民对宏观经济的认知和判断能力。“人不可能两次踏入同一条河流”，选民只要被投机政客骗过一次，就不太会继续被同样的陷阱蒙蔽；相反，选民会用选票将投机分子赶下台。第三，夸大了“菲利普斯曲线”的有效性。事实上，经济史学家（Mankiw，2001）做过精细的测量，发现失业率与通货膨胀的关系并不能持续保持稳定，对于美国而言，1961—1969 年以及 1980—1983 年的数据检验是符合预期的。而且财政政策在该模型中被忽视了，事实上，财政转移支付以及其他财政政策工具在选前的经济操控上似乎更行之有效。

政党模型讨论的焦点在于左翼政党和右翼政党在宏观经济目标方面的差异性偏好。Hibbs（1977）认为，政策制定者有不同的宏观经济目标，如对失业率与通货膨胀的取舍等，而左翼政党和右翼政党在相似的政策环境下会选择差异性的宏观经济目标以巩固自己的选民基础，所以 Hibbs 在 Nordhaus（1975）的基础上引入了政党差异这个变量。具体来说，①左翼政党比右翼政党有更高的宏观经济管理目标和干预预期；②左翼政党偏爱适当提高通胀水平，一方面刺激经济繁荣带来更多就业和收入，另一方面削减个人债务压力，而右翼政党则希望控制和降低通货膨胀；③左翼政党更痴迷于动用货币政策。因此，政党模型指出，预期通胀水平越缓慢接近实际通胀率，政党模型就越有效。对政党模型的批判同对机会主义模型的批评的核心一致。

一般均衡模型（Rogoff 和 Sibert，1988；Rogoff，1990）是沿着

理性主义的视角对机会主义模型的进一步丰富和拓展。该模型假设选民与谋求连任的政治家之间存在信息不对称，特别是多数选民对候选人能力的认知不足，而选前扩张性的经济政策无疑是候选人向选民展示自己能力的良机，但因为选民和谋求连任的政治家都是理性的，所以均衡的结果是选民要有足够的辨别能力，能看到政治家对税收和支出政策的扭曲程度。Rogoff（1990）进一步做了理论修正，从之前对货币政策和通货膨胀的关注转移到强调财政政策的重要性，指出政治商业周期的出现伴随着多维度信号过程，特别是福利效应会缓和周期现象，并会改变选举结构。一般均衡模型强调，对选举周期的关注应该集中在税收、转移支付和政府消费支出上，对全国选举的关注也应逐渐下沉至对州政府选举或地方政府选举。有能力在选前操纵经济政策的政治家在选后也同样具备这个能力，甚至会通过调整选举时间来进一步凸显自己的竞选优势。

修正的政党模型也被称为“理性政党模型”。Alesina（1987，1988）也对政党模型进行了修正，特别是把理性预期引入了该模型。该模型重要的调整之处体现在两个方面。第一，仍然强调政党差异，但放弃了机会主义动机，特别是不追求操纵宏观经济状况。第二，提出了“适应性通胀预期”概念以代替理性预期，预期通胀水平取决于哪个政党赢得大选成为执政党，如果选情明朗，那就不存在周期问题，因为政党政策基本是可以被预测到的；若选情不明朗，则周期取决于选举结果的不确定性，预期通胀水平将会是所有角逐大选的政党政策的加总。批评者认为该模型存在三点不足。第一，一个微观基础视角的批评，即劳工用人合同签署时间究竟是先于选举还是在任期中期，抑或其他时间，因为这决定了通胀水平的测量。Rogoff（1988）指出，选举之所以是经济波动的重要影响因素，一方面是因为选后经济波动结果很难预测，另一方面选举日期又是确定的。劳工用人合同签署的时间是如何界定的呢？一个微小的变化可能会消除政治周期。Garfinkel 和 Glazer（1994）研究了选举年中少于两年的劳工用人合同发现，这些合同的签订时间明显在向选后推迟。第二，选举的不确定性。选前的不确定性和选后的经济波动之间的关系异常复杂，一般性经验分析和总统个案选情之间也存在较大差异。模型中的关键变量都是外生性变量，做预测本身就是困难的。如民主党方面，1964 年约翰逊总统的选情是最明朗的，当选后他执政的前两年，GNP 增长率高达 5.8%，是克林顿执政之前民主党最好的成绩；共和党方面，1968 年尼克松的竞选和里根的第一次竞选，当时选情错综复杂，但在当选后最受关注的第二年，实际产出下滑却最少。第三，过度依赖货币政策解释。夸大了菲利普斯曲线的适用性以及货币政策的影响力。

批评者认为，政治商业周期理论存在两个理论缺陷。第一，公众貌似非理性行为假设；第二，过度依赖货币政策刺激。因为存在信息不对称，选民对继任者的能力缺乏足够了解，加之其“短视”的政治人格，所以容易被操控。而谋求连任者会释放出信号，因为自己有能力，所以不怕当选后面对恶化的经济环境；从这个角度看，扭曲经济成为能力的象征。对于发达民主国家而言，选民已经历了多次反复的选举训练，仍然会“两次踏入同一条河流”吗？但对于中等民主国家或者其他国家而言，选民选举经验少，短期的经济繁荣的确会影响投票。早期的政治商业周期模型，无论是机会主义模型还是政党模型，均建立在货币政策驱动的基础上，即扩张性的货币政策短期内会带来临时性的经济增长，但也相应地带来滞后性的通胀压力。就经验研究中货币政策的有效性而言，Alesina，Cohen 和 Roubini（1992）对经济合作与发展组织的国家的研究发现，的确存在选前货币增长率提高，特别是选前的 1～1.5 年；在对单个国家的实证分析中，绝大多数国家表现显著。而对美国的经验研究，该结论并不清晰。Alesina，Cohen 和 Roubini（1992）及 Alesina，Roubini 和 Cohen（1997）指出，冷战后美国的政治货币周期表现得很微弱。Grier（1989）和 Beck（1987）指出，1960—1980 年，选前货币增长率提高表现显著，但之后并不显著。Beck（1987）对 1959—1998 年联邦基金利率进行分析后指出，联邦基金利率并不存在所谓的选举周期。

特别是对依赖货币政策的批评引发了新的理论创新。Drazen（2000）发现，无论是理论分析还是实证检验，货币政策的有效性对于政治商业周期理论存在巨大的局限性，一个根本性制度冲突在于，发达民主国家，特别是美国，货币政策的主导方——美联储是相对独立的。他认为财政政策在理论解释上的作用被严重低估了，事实上财政政策是选前经济操纵的重要方式。Tufte（1978）列举了一系列的财政转移支付方式，包括社会安全支出和退伍老兵抚恤金等。Keech 和 Pak（1989）发现，1961—1978 年退伍老兵的抚恤金存在选举周期问题，但之后消失了。Alesina（1988）指出，1961—1985 年财政转移支付存在选举周期，但追溯到 1949 年，选举周期就消失了。Alesina 和 Roubini（1990）用财政转移支付验证了机会主义模型，证实了财政转移支付存在财政周期，但对于其他财政政策工具则不显著。

Drazen（2000）构建了积极财政政策和消极货币政策模型。他强调，连任者对于财政政策有直接控制能力，对货币政策可以通过施压进行间接影响，财政政策和货币政策搭配使用会更加巧妙，而且从理性主义视角来看，财政政策和货币政策是可以兼容的，均能在机会主义模型中得到有效验证。积极财政政策和消极货币政策模型的优势在于：第一，淡化货币政策的决定性作用，界定其为诱导性作用，利率的调控成为核心，货币政策仅成为一项政策工具；第二，该模型较好地预测到选举前的货币增长实际上反映了财政支出冲动；第三，货币增长周期、财政转移支付的选举周期和财政供给利率之间的因果关系得到有效验证。

当然，财政政策在政治商业周期中的使用也存在限制。特别是财政纪律，即严格的财政收支平衡制度及对财政赤字的有力约束限制了财政政策工具的作用效果。在美国，除佛蒙特州，其他49个州都有财政预算的平衡要求，其中22个州的财政纪律更严格：不允许将当年的财政赤字带到下一个财政年，但当年的财政赤字可以通过借入基金做填充。Rose（2006）对美国1974—1999年州政府的面板数据进行检验，发现财政周期中的赤字和支出是有效的，但税收无效；当引入严格的财政平衡要求这一变量后，政治商业周期效应几乎完全失效，这意味着只要禁止州政府通过借入各类基金来填充财政赤字，在美国州政府这一层面，机会主义模型和政党模型均表现不显著。

2.1.2 变量测量与实证检验效果

（1）机会主义模型（Nordhaus，1975）如下，

$$Y_t = \sum_i = 1 \text{ sai}Y_{t-i} + b_0 + \sum_j b_j X_{jt} + \text{ d}PDUM_t + \epsilon_t$$

其中 Y_t是因变量，注入 GDP 等；X_j是其他影响 Y 的经济变量，如世界经济活动等；*PDUM* 是政治亚变量（或设定变量）旨在代表给定的政治模型。Alesina 和 Roubini（1992），Alesina，Cohen 和 Roubini（1992），以及 Alesina，Roubini 和 Cohen（1997）在操作中设计了名义变量，即将选举年界定为1，其他年份为0；根据换

届周期，将 t 定义为4，6或8；而 Y 则选用GNP年增长率或失业率，其他变量则根据具体的模型或数据来定。

（2）修正的政党模型（Alesina，1987，1988）如下，

$$\pi_{te} = q_L \pi L_t + (1 - q_L)\ \pi R_t$$

其中 q_L 是左翼政党赢得大选的概率；πL_t 和 πR_t 分别是左翼政党和右翼政党在前半段任期的通胀水平，这反映了其政策偏好。

（3）AFPM模型（Drazen，2000）如下，

$$i_t = (1 + 1/\rho\sigma\varphi)\ E_t \pi_{t+1} + (1 - w)\ /\varphi \times \eta$$

其中 i_t 表示利率水平；ρ（$0 < = w < = 1$），$\rho > 0$；σ 是货币当局应对通胀的额外成本；w（$0 < = w < = 1$）表示谋求连任的概率；π 表示通胀水平；η 表示需求冲击。货币当局希望通过上调名义利率消除其影响。

（4）财政纪律模型（Rose，2006）如下，

$$y_{it} = \beta E_{it} + \gamma r_i \times E_{it} + \lambda X_{it} + \alpha_i + \delta_t + \mu_{it}$$

其中 y_{it} 是财政变量，包括财政盈余、财政收入或财政支出；E_{it} 表示选举年；r_i 是名义变量，代表严格财政纪律的州；X_{it} 是控制变量，代表州的政治和经济状况；α_i 是州固定效应；δ_t 是年份效应；μ_{it} 是干扰项。

（5）经济合作与发展组织模型（Alt和Lassen，2006）如下，

$$Y_{it} = \alpha_0 Y_{it-1} + L_{it}\alpha_1 Y_{it-1} + \beta X_{it} + \gamma_0 SHOCK_{it} + L_{it}\gamma_1 SHOCK_{it} + H_{it} [\delta_0 PREELEX_{it} + \delta_1 POSTELEX_{it}] + L_{it}\ [\eta_0 PREELEX_{it} + \eta_1 PREELEX_{it}] + \mu_i + \lambda_t + \mu_{it}$$

其中 $SHOCK$ 是经济冲击，将国家分为H和L两类（$H_i = 1$ 时，表示高财政透明度或者高政治分化国家；$L_i \leqslant 0$ 时，表示其他国家）；$N = 1, 2, \cdots, 19$，$t = 1989, 1990, \cdots, 1998$；$X_{it}$ 表示额外的控制变量，包括滞后变量和制度变量的交互等；μ_i 和 λ_t 是国别和

年份的固定效应。

（6）拉美模型（Lorea 等，2011）如下，

$$Y_{i,t}=\alpha_t+\beta_1 Y_{i,t-1}+\beta_2 Z_{i,t}+\beta_3 ELEC_{i,t}+c_i+\mu_{i,t}$$

财政政策工具测量使用三个变量，即财政支出占 GDP 比重、财政收入占 GDP 比重以及财政收支占 GDP 比重。Z 是控制变量；α 是年份名义变量；i 是观察单元数量；t 是时间；c_i是每个国家的名义变量；$\mu_{i,t}$是误差项。

（7）中国模型（Guo，2009）如下，

(Expenditure growth) $i_t=\beta_1\times$ (Time in office of party secretary/chief executive) $i_{t2}+\beta_2\times$ (Time in office of party secretary/chief executive) $i_t+\beta_3\times$ (Revenue growth) $i_t+\beta_4\times$ (Subsidy growth) $i_t+\beta_5\times$ (Year dummies) $+a_i+u_{it}$

其中 $t=1998$，1999，…，2002。

2.1.3 最新进展

政治商业周期意味着什么？回到问题的源起，对于发达民主国家而言，政治商业周期的显著与否对宪政民主制度有何影响呢？对于发展中国家及新兴民主国家，政治商业周期会巩固其民主转型吗？这些国家需要付出哪些民主转型的制度巩固成本呢？拉美地区一向是现代政治经济学研究的重要试验田。1974—1990 年，阿根廷、玻利维亚、巴西、智利、多米尼加、厄瓜多尔、萨尔瓦多、危地马拉、秘鲁和乌拉圭等国家相继启动了民主化进程。随后的 20 世纪 90 年代中叶到 2000 年，巴拿马和巴拉圭实现了民主回归。伴随着民主化转型，选举竞争是否加快了财政赤字的扩大呢？

Barberia 等（2011）证实了这一结论，但指出这种模式对于处

于民主化转型早期阶段的国家不是普遍适用的。即便在发达民主国家，由于财政透明度和政党分化的差异，政治商业周期的表现也存在深刻差异。财政透明旨在清晰界定政府责任，对于选民、利益集团、在野党而言，也是预测政府财政政策的前提；政党分化指的是政党差异，政党分化程度越高，中间选民规模越少，政治家谋求连任的风险也就越高，越愿意进行经济操纵。Alt 和 Lassen（2006）通过对 20 世纪 90 年代中叶 19 个经济合作与发展组织国家进行实证检验后指出，政治商业周期更容易出现在那些财政透明度低和政党分化程度高的国家。其中，选前财政透明度高和低的国家普遍财政收入下降，但财政透明度高的国家选后财政收入上升；政党分化程度高的国家在选举年财政支出水平更高，选后财政支出水平下降。

对地方层面的检验越来越流行。Linda 和 Francisco（2007）使用 1979—2001 年葡萄牙的地级市数据检验了机会主义模型，这个数据的优势体现在三个方面，即大量详细的支出明细、固定的选举日程、高度同质化的政策工具和制度环境。模型结果清晰地反映地方政府的机会主义行为：选前政府提高财政支出并改变支出组成，使选民能更清楚地看到政府造福民众，以此来展现谋求连任者的能力并提高其连任的机会。此外，该研究还发现，左翼政党的政治家比右翼政党的政治家更具有机会主义倾向。

理论外延进一步拓展。政治商业周期的内涵凸显了政治家的理性算计，而其外延则可拓展至几乎所有事关价值和利益分配性的政治经济问题。立法是国家政治生活中最典型的分配性政策供给，Lagona 和 Padovano（2008）对意大利议会 1948—2001 年的立法活动进行了实证研究。意大利是多党政治，盛行多党联合执政，出于激烈的党争，议会很容易陷入分裂状态；意大利的政治状况为政治立法周期的研究提供了典型样本。这篇研究指出，立法周期是巩固政府（联盟）团结的有效策略，政治家只有在谋求最高政治回报时，才会增加立法供给；立法周期的时长取决于议会的存续期以及联合政府的稳定性和规模；法律的出台密集集中在议会任期的末期，并和议会的分裂紧密关联。

2.2 实证检验

2.2.1 民主国家（发达民主国家和新兴民主国家）

对发达民主国家而言，政治商业周期理论的实证检验支持较少。特别是对机会主义模型而言，尤为匮乏。这意味着，发达民主国家所谓的“选举年经济效应”表现并不突出。以美国为例，作为政治商业周期理论的发源地，尽管学界公认选举前的经济状况会对选举结果具有直接影响，但机会主义模型暗示的选前经济操纵在宏观经济数据上较难观察到。Mc Callum（1978），Alt 和 Chrystal（1983）及 Alesina、Roubini 和 Cohen（1997）按照 Nordhaus（1975）的方法都没有证实机会主义模型。Faust 和 Irons（1999）对 1948—1998 年美国的总统竞选数据进行了更加复杂的测量，也没有证实机会主义模型的理论预测。但也有特例，其中最有力的支持来自 Fair（1978），他研究了 1916—1976 年的总统选举，有两点重要结论：①选举年的实际经济状况，如果人均 GNP 或失业率对于总统选票具有重要影响，那么 1% 的人均 GNP 增长率会带来 1% 的支持增长率；②选民对于近期的经济状况具有很高的贴现率，甚至不愿意回顾一两年前的情况。另一个机会主义模型的有力支持源自 Rogoff（1988），他指出，1972 年美国大选，尼克松深度卷入了选前经济操纵，并被戏称为“政治商业周期理论的全天候式英雄”。除美国外的其他发达民主国家，诺德豪斯式的政治商业周期模型也表现得并不显著（Paldam，1979；Lewis-Beck，1988）。Alesina、Roubini 和 Cohen（1997）对 18 个经济合作与发展组织国家 1960—1993 年的数据进行实证分析，也并未证实机会主义模型。

机会主义模型预测的通货膨胀在一些国家得到了验证，但在另外一些国家并未得到有效验证。Alesina、Cohen 和 Roubini（1992）以及 Alesina、Roubini 和 Cohen（1997）对经济合作与发展组织国家进行的实证研究发现，通胀率和选举年的名义变量呈现出高度显著相关，对单个国家进行的实证分析也证实，丹麦、法国、德国、意大利和新西兰这些国家的通胀率新选举年的名义变量呈现出同样显著相关。总体而言，机会主义模型预测的通货膨胀在经济合作与发展组织国家得到了证实，并且远比 GNP 和失业率表现显著。但是对美国的经验研究中，通货膨胀率表现得很模糊。Alesina、Roubini 和 Cohen（1997）指出，1947—1994 年整体上选后通胀率并未上升，但是如果考虑到 1979 年美联储的政策调整，更精细的实证结果显示：在 1979 年之前，选后通胀率确实上升了；但 1979 年之后，选后通胀率表现却并不显著。

相对于机会主义模型，政党模型在美国表现得非常显著。民主党和共和党的宏观经济目标偏好是存在显著差异的，民主党更倾向降低失业率和扩大财政支出，以确保提高中下层民众的福利；而共和党更偏好降低通货膨胀和减税，以保护中上层民众的传统价值观优势，并鼓励创新和精英主义。对美国的大量实证研究发现（Alesina，1988；Alesina、Roubini 和 Cohen，1997），在前半段任期中，民主党执政的经济绩效显著优于共和党；而且前半段任期内民主党执政的通胀率低于共和党，但随后较快上升，总体看来，民主党执政通胀水平上升，而共和党执政时通胀水平则下降。一方面，对政党模型的实证检验要远少于对机会主义模型的检验；另一方面，对于具体的驱动机制，也存在大量的讨论。Sheffrin（1989）指出，选后的经济衰退通常骤然而至，影响宏观经济波动的因素很多，不能过度归因于货币政策。Faust 和 Irons（1999）指出，数据并不能给政党模型提供充分的支持，因为政党的差异不仅在解释变量上存在，在控制变量上仍然存在。

以上论述均是从货币政策的视角看政治商业周期理论，那么财政政策视角下的周期效果显著吗？对美国的经验研究（Tufte，1978；Keech 和 Pak，1989；Alesina，1988；Alesina 和 Roubini，1990）显示，选前财政转移支付或其他财政政策工具会较快增加，1980 年之前这种作用表现尤为强烈。在对其他发达民主国家的研究中，结论十分复杂。Ohlsson 和 Vredin（1996）对瑞典的实证研究发现，右翼政府比社会民主党政府在财政收入和财政支出水平上更低；在控制经济变量后，右翼政府可能比左翼更倾向于财政扩张（赤字水平高），这一点和政党模型的预测相悖；作者用逆周期性政策调节，特别是所得税为代表的“自动稳定器”理论进行了解释。

财政周期在新兴民主国家和发展中国家表现得尤为突出。在单一国别研究方面，Ben-Porath（1975）研究了 1952—1973 年以色列的财政周期，证实了机会主义模型，选前会有大幅的减税，选后则税收增加；在 1982 年的选举中，选前财政操纵表现尤其显著。Krueger 和 Turan（1993）指出，在 1950—1980 年土耳其的选举中，选前的财政操纵非常普遍；拉丁美洲同样存在普遍的选前财政操纵。Gonzalez（1999）指出，1958—1997 年的墨西哥选举中，无论是总统选举还是国会选举，选前都会伴随着大幅的财政赤字增加；在跨国研究方面，Ames（1987）分析了 17 个拉美国家，他发现在 1947—1982 年，政府支出在选前年会增加 6.3%，而在选后年则会下降 6.7%；Acosta 和 Coppedg（2001）对 8 个拉美国家 1983—1998 年的研究证实，选举期间即便政府财政支出不增加，财政赤字状况也会恶化，造成这一结果的主要原因在于政府在选战期间不愿意征税。Shi 和 Svensson（2006）检验了 1975—1995 年 85 个国家的大型面板数据，结果显示，政治财政周期在发展中国家表现显著，在发达国家表现不显著或者几乎不存在；平均而言，选举年政府财政赤字水平会提高 1 个 GDP 百分点的规模。Bertrand（2007）分析了法国数据发现，政治关联度高的企业为了帮助政治家连选、连任，在选举年份会雇用更多工人，建立更多厂房；作为回报，政治家会通过财税政策、融资信贷、市场拓展等方式进行奖励性回报。

也有一些新兴民主国家和发展中国家，货币政策和财政政策在政治商业周期中均表现显著。Sen 和 Vaidya（1996）对 1952—1989 年印度的大选进行了实证分析，研究发现，选举年的财政赤字和流通货币都有了显著上升，但产出上并不存在选举周期；与此同时价格波动也并不受选举的影响，但在选举前，工业制成品价格水平会上升。Block（2000）对 44 个撒哈拉以南非洲国家的实证分析中，货币政策和财政政策效应都得到了证实。Schuknecht（1996）对 1970—1992 年 35 个发展中国家进行了研究，他指出连任者对货币政策和财政政策均有更高的控制能力，发展中国家的政治商业周期研究拥有更大的空间，财政支出政策比减税政策在影响选民投票方面更有效。

为何发展中国家及新兴民主国家政治商业周期理论表现最显

著呢？一个直观的视角在于民主程度差异，新兴民主国家或者民主制度不成熟的国家，选民在政治民主人格上还不成熟，选举经验不充分，其投票行为更容易受到操控，尤其是谋求连任者营造短期经济繁荣以提升个人魅力。Gonzalez（1999）率先研究了民主程度和财政周期操作的关系。她在财政模型中引入了两个变量，一是民主成本，以实现政策制定者变更的成本来测量，二是透明度，以选民理解候选人能力的成本来测量。她发现，如果民主成本足够高，连任者会轻松连任并施行既定政策；只有民主成本不是那么高时，选举预算周期才会存在；透明度同样存在这一结论，政权透明度越高，政治预算周期的扭曲效应越低。最有趣的是，当民主成本和透明度呈正相关时，只有当民主成本和透明度均处于中间水平时，才会存在显著的政治预算周期。Gonzalez（1999）考虑了民主水平和政治周期强度之间的关系，对 1950—1997 年 43 个国家的研究发现，中等水平的民主国家，政治商业周期表现最显著。Shi 和 Svensson（2000）对 123 个发达和发展中国家进行统计回归，计算其民主程度，研究发现，财政视角的政治商业周期在发展中国家表现尤其显著。Brender 和 Drazen（2005）对发达国家和发展中国家 1960—2001 年的跨国分析中证实，政治财政周期主要在新兴民主国家表现显著，在成熟的民主国家，财政操纵在统计上的表现并不显著；新兴民主国家选民选举经验少，在民主化初期的几次选举中，高财政支出和财政赤字之间紧密关联。

另一个视角在于财政纪律不严格。Alt 和 Lassen（2004）指出，新兴民主国家存在显著的政治商业周期的重要原因在于财政透明度低，随着财政透明度的提升，信息不对称逐步弱化，选民会拥有更好的政治分辨力。20 世纪 90 年代，对经济合作与发展组织国家的实证研究也发现，财政透明度越低的发达国家，财政赤字的选举周期表现越显著。

2.2.2　苏联

政治商业周期同样存在于苏联。Bunce（1980）提出，苏联领导人也会尽力赢得民众的支持以应对潜在的骚乱和抗议。Roeder（1985）提出，苏联领导人也要争取社会顶层精英们的支持，而这就近似于“选举”。无论选举规模多大，顶层制度都存在全国经济政策和领导更迭的可能。Bunce（1980）指出，苏联权力高层的本质、连任过程的本质以及意识形态和宣传引导能力都和政策顺序中的政治关切密切关联，而这均存在执政早期政策优先顺序的周期性变更。具体而言，在国家领导人政治更迭之际，会短暂出现政府预算优先向轻工业和民生消费产业倾斜以带动经济繁荣的现象，但是这种现象往往出现在政治换届之后而非之前，因此也被称为继任关联。Roeder（1985）则更审慎地指出政策调整顺序优先的目的在于巩固联系而非继任关联。无论如何，前任领袖在其任期内会在不同阶段设定不同角色对政策顺序做不同的调整，这尤其体现在每届领导人都会依据其政治任期安排财政支出并使其与之同步。在苏联政治体制内，面对政权更迭危机的中央领导人不是直接面对选民，要寻求政治支持的对象应该是官僚体系内的政治精英，而不是一般社会大众，所以继任竞争应该是让苏联体制下的领导人更愿意回应官僚体系内政治精英的要求，而不是社会大众的要求。

2.2.3　中国

中国政治商业周期逐渐引起学术热议。中华人民共和国成立后经济建设热情在革命热情的催化下高涨。1958 年“大跃进”带来了33%的社会总产值增加。Eckstein（1968）指出，中国政策周期引起的经济波动周期是由发展愿景与中国经济落后的现实之间存在落差所致。由于现实工业基础低落，原政策执行困难，导致被迫修正，再进入下一个务实的休养生息阶段。郑竹园（1982）在研究中国大陆的经济发展策略变化时也发现，造成中国经济波动的一个根本性原因是发展政策的不断调整以及对经济计划管理态度的不断变动。20世纪60年代末期，经济繁荣周期和政治摇摆形势紧密关联。财政和货币周期更多地与国家政治生活相契合，特别是中国共产党全国代表大会和全国人民代表大会，自20世纪70年代起这两个会议固定每5年召开一次，并形成了稳定的政治换届制度。胡鞍钢（1994）据此提出了“政策周期”。

中国的政治商业周期凸显了中国政治运行中的独特性。第一，中国地方政府要服从中央政府，地方干部能控制地方财政和经济。第二，尽管经济和财政政策上收，但地方官员仍然有足够有效的职权和能力主导辖区的经济发展，特别是在其任期内会采取一些刺激以利于自己政治前途的发展。信息不对称和经济财政分权下，政治财政周期逐渐形成。

胡鞍钢（1994）指出，从1952年到1992年，中国经济一共经历了十一次大起大落，每一次都是由政治行为或中国共产党全国代表大会的召开带动的，而这样的经济波动在1977年恢复每五年召开一次中国共产党全国代表大会之后，与党代会次年的政府换届的政治周期的关系特别密切。

Dittmer和吴玉山（1995）指出，从20世纪70年代末到90年代初期，中国一共经历了四个“派系政治、经济改革周期”循环，少壮派占上风时推动改革，改革总是带来经济扩张，而扩张造成经济过热使稳定派转居上风，推动紧缩政策，紧缩政策造成经济衰退又使少壮派再占上风，带动下一个循环；这种节奏分明的循环反映了中国大陆非正式政治的制度化以及政策制定的理性化，并将此现象称为派系政治的现代化。

陶仪芬（1995）指出，中国的政治商业周期是指由例行党政换届期间权力更替所产生的政治不确定性，引发中央派系政治与地方集体行动两层机会主义行为交互作用所产生，并以党的十六大时期的经济波动的具体过程分析以及过去四届政府政治周期对中央与地方投资变化影响的 ANOVA 测试来证明这个微观因果机制的运作。

近期国内学者对中国政治商业周期问题的关注在于研究官员任期与某一社会经济指标的关系。张军和高远（2007）针对官员任期与经济增长的关系的研究，提出了倒 U 形的分布特征。郭刚（2009）基于 1997—2002 年中国县级数据的实证分析指出，地方政府财政开支在领导任期的第三年和第四年增长最快。改革开放以来确立的基于绩效的干部评价和流动机制激励着地方官员在其任期的重要时刻增加政府支出以提高其谋得晋升的可能性。这些支出有助于地方官员展示其经济管理水平和政治成绩，特别是那些可量化的大型发展项目，而经济和财政的分权化改革提高了地方官员影响政府财政支出的能力。耿曙、庞保庆和钟灵娜（2016）通过实证检验发现，地方政府的基建投入，普遍随领导任期的延长而增加。据此，提出中国的任期制度，属于“任期弹性、随时迁调”的性质。

已有的关于中国政治商业周期的讨论集中在官员任期与经济增长、财政支出、宏观经济指标、矿难、制造业资源错配、信贷投放以及基建投入等方面。就目前的研究而言，中国政治商业周期问题作为新兴的研究领域，拥有很大的理论研究和政策分析空间。本书集中关注中国地方官员任期与投资增长的关系特征，具体而言，在一届政府五年的名义任期内，地方官员任期与全社会固定资产投资呈现的分布特点涉及中国地方官员的实际任期问题，这在以往的研究中被大大轻视了，因而相关的政策研究和分析显得薄弱，这不利于中国干部管理体制现代化的建设。相应地，对官员实际任期与投资增长的关系特征形成过程和机制的分析也是不足的，这就限制了政商关系考察中对官员行为的微观认知和判断。此外，在地方官员实际任期和投资增长的关系视角下，其微观激励动机的研究更是空白，这也造成了对宏观经济调控和微观商业投资行为出现误判。

2.3 中国政治商业周期中的倒 U 形分布

目前对中国政治商业周期的研究，倒 U 形分布已引起了学界的密切关注。对官员任期和经济增长倒 U 形关系的研究，直接启发了对其他经济变量的经验检验。钱先航，曹廷求，李维安（2011）考察了 2006—2009 年 81 家城市商业银行共计 253 个样本，认为市委书记任期（及年龄）同城市商业银行信贷呈倒 U 形分布，任期越长、年龄越大的地方，城市商业银行的贷款集中度和关联贷款金额越大；从期限结构看，减少的是短期贷款，增加的是中长期贷款和房地产贷款，但官员考核中增加的环境和民生指标能够有效抑制不良贷款的累积。

刘佳、吴建南和马亮（2012）基于 2003—2008 年中国 257 个地级市的非平衡面板数据，探究了官员晋升竞争对土地财政的影响，研究表明，官员任期和土地财政存在显著的倒 U 形关系；他进一步剖析了地市级主官的实际任期，发现平均任期仅为 2.6 年，地市级官员任期的减少激励了地方政府的土地出让行为，过度依赖“短、平、快”的土地财政。宋凌云、王贤彬和徐现祥（2012）构造了 1998—2007 年中国省委书记和省长与辖区产业结构变动相匹配的面板数据，结果显示，省委书记和省长在实际任期内对辖区产业结构变动的引领效应，会经过一个“先升后降”的过程，这意味着产业结构变动在短期内可以依靠官员，长期则主要靠市场。

马亮（2013）以省长、直辖市市长和自治区主席为研究对象，采用 1999—2011 年中国 31 个省份的面板数据，并系统收集了各省政府工作报告中的预期经济增长率数据并将其作为绩效目标，研究表明，外地平调官员任期与政府绩效目标设置水平呈现显著的倒 U 形曲线关系，非外地平调的曲线为 U 形。这意味着外地平调官员在上任伊始会设置很高的政府绩效目标，紧接着会通过令人瞩目的政绩谋求升迁，但随着任期的延长，这种激励效应也在减弱。曹春方、马连福和沈小秀（2014）选取 2001—2008 年4 540家地方国有上市公司的数据进行分析，认为官员任期与地方国企过度投资存在倒 U 形关系，而晋升压力导致的过度投资也与任期呈倒 U 形关系。

姚金伟、孟庆国和黄天航（2014）基于 1978—2012 年中国全社会固定资产投资的省级面板数据，从中国式分权和外部政治经济冲击两个视角进行了考察，实证分析结果显示，中国地方官员任期同投资增长呈现显著的“三上二下式倒 U 形”分布特征，地方官员的实际任期发挥了主要影响。郭峰和胡军（2014）利用 2002—2010 年我国 35 个大中城市市长和市委书记的个人信息和城市房价、经济基本面等数据，探究了官员任期对城市房价的影响，研究表明，官员任期和政绩压力对城市房价均有显著影响，且官员任期与城市房价存在倒 U 形关系，官员的政绩压力对房价有显著的正向影响；官员任期较短时，政绩压力会加剧官员任期对城市房价的正向促进作用，任期较长时，政绩压力又会阻碍官员任期对城市房价起反向抑制作用。

李后建和张宗益（2014）采用 2005—2007 年中国工业企业数据库数据，认为地方官员任期与企业研发投入呈现显著的倒 U 形关系，即适当延长官员任期有利于促进辖区企业研发投入，而过长的任期则会抑制辖区内企业研发投入。高楠和梁平汉（2014）基于 1991—2011 年省级经济和财政数据，认为在省委书记任期内，财政支出规模在其上任后第 2 ~ 3 年达到峰值，随着市场化程度的增加，峰值的幅度减小，峰值出现的时间提前。本书的结论同郭刚（2009）的结论存在差异，郭刚（2009）通过县级面板数据分析指出，县级官员为了增加政绩而进行财政扩张，财政支出周期峰值出现在一届任期中的第 3 ~ 4 年。

周靖祥（2014）利用 1990—2010 年副省级城市面板数据，表明市长任期与经济增长存在先增长后减弱的倒 U 形变动特征，并计算出任期拐点是第 3 年。傅利平和李永辉（2015）基于 2004—2013 年沪深两市 A 股市场 779 家上市公司的非平衡面板数据，表明官员任期与辖区内企业投资效率呈现显著正相关关系，任期平方与企业投资效率呈现不显著的负相关关系，这个结论也指向了倒 U 形分布。基于 1978—2008 年分省数据，谭之博和周黎安（2015）认为官员任期对信贷投放和固定资产投资呈现倒 U 形变化，转折点就出现在第 3 年或第 4 年。

崔敏（2015）基于 2000—2013 年 289 个地级市官员和城市数据进行了实证检验，认为每位市长的平均任期为 3.43 年，官员任职期间，基础设施产业投资呈现倒 U 形特征；官员上任后对基础设施产业的投资越多，晋升或者平调的机会更大。总体而言，在地方官员更替当年，基础设施投资下降，官员上任后第2年，基础设施投资显著增加，官员离任前，投资热情最低，基础设施投资也最低。罗党论、佘国满和邓可斌（2015）基于2003—2009年全国地级市市委书记的数据，认为地方主要官员实际任期与地方政府民生支出呈现显著倒U形关系，且拐点分布在任期的第3～4年。据此，该研究指出，一届市委书记最优任期是4年。刘胜和顾乃华（2015）利用1994—2012年各省，包括直辖市和自治区任职的党政一把手的个人信息及服务业发展的数据，实证检验省级官员的任期限制和交流对地方服务业发展的影响，实证结果显示，官员的任期限制总体上对地方服务业发展有积极的推动作用，且两者呈倒U形的关系，其中东部地区的表现尤其显著。

丁从明、刘明和廖艺洁（2015）基于1994—2013年省级面板数据进行分析，认为官员任期同交通基础设施投资存在倒U形特征；“新官上任三把火”确实存在，交通基础设施投资在官员任职初期逐渐增长，而后缓慢下降。吴敏和周黎安（2015）使用1995—2009年中国地级市数据，考察了地方政府一般预算支出是否存在政治预算周期的问题，实证分析结果显示出显著的政治周期效应，即市长任期与市级一般预算支出增长率呈现显著倒U形关系；市委书记任期对一般预算支出增长率没有影响，在党代会召开当年，基本建设支出显著降低。

曹春方和傅超（2015）以2003—2011年A股市场的地方国有上市公司为样本，研究官员任期对地方国有企业捐赠的影响，分析结果显示，官员因任期考核会追求社会慈善类的“形象工程”，具体表现为地方国企捐赠随官员任期的增加呈现先增后减趋势，即二者呈倒U形分布特征，2005年后，这一特征表现得更加显著。

周诚（2016）构造了 1995—2013 年江苏和浙江两省 24 个地级市 128 位历任市委书记政治变量和经济变量的面板数据，以探究官员政治收入周期。从分析结果来表明，财政收入的增速随着市委书记在任年数的增长而呈现先上升后下降的倒 U 形分布特征，增幅高峰介于 4 ~ 5 年，这正是官员的最佳任期，过短或过长可能都不利于发挥出最大激励效应。具体而言，市委书记新到任需要熟悉环境，进入工作状态，第 2 ~ 3 年增速快速上升，第 4 年增速达到顶峰，从第 5 年开始逐渐下降。

毛珣（2016）采用 1999—2013 年中国 22 个省（不包含台湾省）、5 个自治区和 4 个直辖市的面板数据，检验地方官员本地化对土地违法行为的影响。经验分析结果显示，除市长外，地方官员的任期与当地土地违法行为存在倒 U 形关系，即随着官员任期的增加，土地违法面积呈现先增后减的趋势；市长由于特殊的晋升路径与预期，其任期对土地违法行为的影响效果不同；总体而言，省委书记比省长对土地违法的影响更强烈，官员任职第四年的所有省份的平均违法面积最多。毛珣、陈志刚和黄贤金（2016）进一步采用江苏省 13 个地级市 1999—2013 年的面板数据进行实证检验。结果显示，官员任期与协议供地规模存在倒 U 形关系，随着官员任期的延长，协议出让规模呈先增后减的变化规律；本市晋升的官员更倾向于以招标、拍卖、挂出的方式出让土地，市委书记本地化程度越高，其对土地出让方式的影响越强烈。

王媛（2016）认为，地方官员倾向于在任职的关键时点增加具有短期增长效应的经济性公共品投资，而具有长期投资属性的社会性公共品投资则随官员任职年数的增多而减少。段俊宇（2016）基于 1992—2014 年省级面板数据，对 28 个省区 179 名省长的任期长度与经济增长之间的相关关系进行实证研究分析。结论显示，省长任期与人均 GDP 增长率、第二产业产值增长率之间存在倒 U 形关系，并且在官员任期第 3 年增长率达到最大值，这意味着地方经济增长率会随着任期的增加而下降。

李杨和王中兴（2017）基于 2003—2014 年中国地级市党政一把手数据以及城市经济社会发展指标数据，分析地方官员任期变化对于经济发展的影响。结果表明，地方投资和官员任期呈现先升后降的倒 U 形关系，固定资产投资总规模的峰值出现在任期第 5 年。周敏、毕睿罡和寇宗来（2017）基于 1999—2015 年中国市委书记与上市公司的数据进行了分析。结果显示，任期与企业投资呈现倒 U 形关系，转折点发生在 5. 2 年，一旦任期超过 5. 2 年，企业投资随官员任期的增加而下降；而年轻官员的任期与企业投资适应和发展的转换发生在第 3. 5 年。

余泳泽和杨晓章（2017）对 2002—2014 年 230 个地级市政府工作报告中设定的经济增长目标进行了分析。结果表明，市委书记在任期内对经济增长目标及完成情况的影响呈倒 U 形关系。戴静和王红建（2017）基于 2000—2012 年企业 R&D 投入与省级官员任期数据，探究政府官员在有限任期内对辖区企业研发 R&D 投入产生影响的作用机制。分析结果显示，企业 R&D 投入与官员任期呈现显著的倒 U 形关系，企业 R&D 投入在官员任期内先增加后下降，且企业 R&D 投入来源中政府资金部分与官员任期同样存在倒 U 形关系。对比1990—1999 年数据显示，官员任期对企业 R&D 投入的影响在“十五”计划实施之前并不显著。

2. 4　研究假设

中国地方官员政治任期与投资增长在五年一届的政府任期中

呈现的关系特征，构成了理解中国政治商业周期的重要研究内容。本书依据翔实的统计分析、深度调查问卷、典型案例分析、田野调查等调研，填补了这一研究空白。新制度主义强调，制度是一切政治、经济行为的解释基础。中国式分权和外部冲击是剖析中国政治商业周期的关键。在纷杂的外部现象以及中国经济大起大落的波动下，是否存在稳定的制度性解释机制呢？市场化改革开启了中国奇迹，但市场并不是决定性因素，决定性作用在于政府，在于制度安排。

（1）宏观层面：中央政府和地方政府投资—通胀/债务博弈与调控

分权是以集权为前提的。改革开放以来，中央政府给予了地方政府相对自主的经济决策权，财税包干制和分权让利激发了地方政府投资和经济发展的热情。20 世纪 90 年代初期，地方财政丰盈，而中央财政出现困境；经济分权带来了政治挑战，由此催生了 1994 年的分税制改革。

分权与集权是辩证统一的。分权与集权的关键在于政治人事控制，在政治实践中，中央政府有力地控制了地方官员的人事安排，强化了对地方政府的控制力。投资成为政府主导经济增长最有效的政策工具。在中国式分权的制度安排下，地方政府容易形成“投资饥渴”，地方主要官员倾向于通过扩大投资创造政绩，刻意回避通胀压力，通胀压力最终被抛给了中央政府，这成为中央政府宏观调控和强化经济控制力的必要基础，中央政府必须紧盯地方政治周期催生的高通胀问题，且在必要的时候通过严厉举措要求地方政府降低投资规模，为经济发展降温。

中国经济增长波动切实存在，其根源主要是非经济因素或政治因素。胡鞍钢（1994）指出，主要存在两个冲击：一是中央政府的政治动员冲击引起的经济扩张，这就如同对一辆行驶中的汽车加大油门的作用；二是中央政府的政治命令冲击引起的经济收缩，这就如同对一辆高速行驶中的汽车踩急刹车的作用。在相当长的时间里，中央政府缺乏对经济运行的宏观调控能力，主要是以政治命令和政治动员的形式进行调控，具体体现为以中央会议或中央文件等形式进行调控，以“先进行内部传达，后进行公开动员”的方式调控中国经济波动。这种急刹车机制是对市场经济手段的自动刹车机制的替代性选择。由此带来经济过热，急剧走高的力量主要是由中国的体制机制决定的。

中央政府踩急刹车还是缓刹车取决于调控工具是否充裕。当宏观经济总体面临过热的局面时，中央政府踩“急刹车”，中国经济就会硬着陆，中央政府踩缓刹车，中国经济才会软着陆。究竟采取何种机制，实际上取决于中央政府可用的调控工具是否充足。如果调控工具捉襟见肘，宏观经济自动调控机制无法有效运行，则势必逼迫中央政府动用行政制裁和强制惩戒机制，这是 20 世纪 90 年代朱镕基总理面临的僵局。随着中央政府拥有了更加充裕的调控工具，宏观经济自动调控机制逐步确立和完善。经历了 20 世纪 90 年代的磨合，地方政府能够更加自觉地服从中央政府宏观经济调控的要求，中央政府和地方政府也在“投资—通胀/债务”这一冲突中寻求到平衡和共识，这种行为默契的建立保证了中国宏观经济调控处于合理区间。此后，中国宏观经济运行再未遭受 20 世纪 90 年代的大起大落。

此外，中央政府也要严控地方政府因过度投资带来的债务额度的增加，防止地方金融出现系统性风险，造成地方政府破产等恶性事件。地方政府的投资扩张势必带来举债规模的增大，而修正前的《中华人民共和国预算法》又不允许地方政府借债，这就催生了变相举债问题：地方土地、高速公路等国有资产的收益权被注入公司，以此作为抵押，地方政府向金融机构融资。贾俊雪、张晓颖和宁静（2017）指出，长期以来，“向上负责”与“向下负责”的机制偏差造成地方政府举债行为扭曲，在财政分权和官员任免制度下，增长绩效、晋升激励对地方政府举债规模具有扩张性影响，且地方政府大量举债的行为已逐渐偏离民众的利益诉求，导致居民福利水平下降。

地方债务问题逐渐引起中央政府关注。2013—2014 年地方政府集中统计、上报了政府债务的存量数据，规模很大，且伴随债务到期，财力薄弱的地方不得不发行新的地方债未偿还老的地方债。为此，2014 年国务院印发《关于加强地方政府性债务管理的意见》，即 43 号文，要求地方政府举债和地方国有企业举债要政企分开，企业不能为政府举债，政府也不得要求企业举债；同时修改了《中华人民共和国预算法》，把举债的权力下放一级到省级政府。伴随着政府和社会资本合作（Public Private Parternership，以下简称 PPP）热度的增加，地方政府变相融资热潮再度兴起。为了遏制隐性债务扩张，国务院办公厅于 2016 年 11 月印发《地方政府性债务风险应急处置预案》，即 88 号文，财政部于 12 月发布《地方政府性债务风险分类处置指南》，即 152 号文，启动了规范 PPP 操作的政策文件。更是在 2017 年 5 月，先后发布了《关于进一步规范地方政府举债融资行为的通知》，即 50 号文，以及《关于坚决制止地方以政府购买服务名义违法违规融资的通知》，即 87 号文，严控地方政府的 PPP 操作。2017 年 7 月召开的全国金融工作会议更是提出了地方债务终身问责制。

由此，本书提出研究假设 1a 如下。

假设 1a 发生在一届地方政府的五年任期内，地方官员的政治任期与投资增长基本上服从先上后下的“倒 U 形”分布。

（2）微观层面：

地方官员的实际任期认知的概率密度分布见表 2.1。

表 2.1　地方官员实际任期认知的概率密度分布　　单位：人

任期	县区级		地市级		省级	
	书记	县（区）长	书记	市（地）长	书记	省长
2.5 年及以下	4（2.5%）	—	3（1.9%）	—	1（0.6%）	—
2.6～3 年	7（4.4%）	66（41.5%）	5（3.1%）	17（10.7%）	1（0.6%）	4（2.5%）
3.1～3.5 年	68（42.8%）	47（29.6%）	12（7.5%）	45（28.3%）	1（0.6%）	4（2.5%）
3.6～4 年	42（26.4%）	25（15.7%）	56（35.2%）	45（28.3%）	9（5.7%）	46（28.9%）
4.1～4.5 年	17（10.7%）	7（4.4%）	49（30.8%）	20（12.6%）	55（34.6%）	59（37.1%）
4.6～5 年	11（6.9%）	10（6.3%）	16（10.1%）	23（14.5%）	62（39%）	26（16.4%）
5.1～5.5 年	3（1.9%）	4（2.5%）	7（4.4%）	5（3.1%）	14（8.8%）	8（5%）
5.6～6 年	5（3.1%）	—	5（3.1%）	3（1.9%）	4（2.5%）	5（3.1%）
6.1～6.5 年	2（1.3%）	—	2（1.3%）	1（0.6%）	4（2.5%）	3（1.9%）

续表

任期	县区级		地市级		省级	
	书记	县（区）长	书记	市（地）长	书记	省长
6.6～7年	—	—	4 （2.5%）	—	3 （1.9%）	4 （2.5%）
7.1～7.5年	—	—	—	—	5 （3.1%）	—
7.6～8年	—	—	—	—	—	—
标准差	1.49	1.31	1.61	1.47	1.55	1.48
合计	159 （100%）	159 （100%）	159 （100%）	159 （100%）	159 （100%）	159 （100%）

资料来源：根据问卷调研数据分析结果整理，作者自制。

地方官员实际任期预期决定了其任期内的项目投资规划。第6章第1节表6.3报告了159名问卷对象对地方官员实际任期认知的概率密度与分布情况。据此，如表2.1所示，县（区）委书记的实际任期集中在3.1～3.5年，而县（区）长的实际任期集中在2.6～3年，49.7%的调查对象认为县（区）委书记的实际任期在3.5年以内，41.5%的调查对象认为县（区）长的实际任期在3年以内。市（地）委书记的实际任期集中在3.6～4年，市（地）长的实际任期集中在3.1～3.5年和3.6～4年，47.7%的调查对象认为市（地）委书记的实际任期在4年以内，67.3%的调查对象认为市（地）长的实际任期在4年以内。省委书记的实际任期集中在4.6～5年，省长的实际任期集中在4.1～4.5年，81.1%的调查对象认为省委书记的实际任期在5年以内，71%的调查对象认为省长的实际任期在4.5年以内。总体而言，县区级官员的实际任期集中在 4 年以内，地市级官员的实际任期集中在 4.5 年以内。

每一届任期中的第四年是敏感期。这一年是官员流动的重要考察期，组织部门和上级党委酝酿人事调整会特别关注这一年的官员行为。此外，全国党代会召开在即，在地方官员看来，全国党代会的前一年是政治敏感期。一方面是因为全国党代会是由基层政府往上一级级召开，全国党代会最后召开；另一方面，全国党代会前夕，辖区内不能出现有妨碍政治安定局面的事件。表 2.2 是问卷对象对地方官员任期内晋升关键年和党代会前晋升敏感期的认知的交叉分析。结果显示，任期的第 4 年既是晋升关键年又是党代会前的晋升敏感期，交叉列表的相关性指数显示不存在共线性问题。这就意味着从第四年开始，地方官员要特别注意防范投资风险，特别是不能出现投资过快引发的重大安全生产事故、损害生态环保事件以及征地拆迁引起的群体性事件等一票否决行为。

表 2.2 地方官员关于晋升敏感期认知的交叉分析 单位：人

任期内晋升关键年	党代会举行前晋升敏感期					合计
	第 0.5 年	第 1 年	第 1.5 年	第 2 年	其他	
第 2 年	6	4	0	1	0	11
第 3 年	10	38	4	0	1	53
第 4 年	17	46	1	2	0	66
第 5 年	10	16	3	0	0	29
合计	43	104	8	3	1	159

注：交叉列表的 Pearson 相关性数值为 −0.04，Spearman 相关性数值为 −0.03，二者不存在共线性问题。

资料来源：根据问卷调研数据分析结果整理，作者自制。

此外，图 2.1 还报告了地方官员一届任期内对投资关注度的分布情况。据此，50.94% 的问卷对象认为任期前三年特别关心投资增长，30.19%的问卷对象认为任期前两年特别关心投资增长。之所以任期的第二年也会引起问卷对象的较大关注，主要是由对官员实际任期的认知引起的。第四年以后对项目投资关注的问卷对象占比，则从第三年的50.94%陡降至14.47%，且第四年之后对项目投资关注的问卷对象占比仅为18.87%。从问卷对象对地方官员一届任期内对投资关注度的分布情况可以清晰地看出，地方官员往往根据任期的预期预先对项目投资进行规划，前三年特别关注项目投资，后两年对项目投资的注意力转移了。之所以后两年的注意力会发生转移，主要是地方官员面临晋升敏感期以及为地方各级乃至全国党代会的召开做充分动员准备的结果。

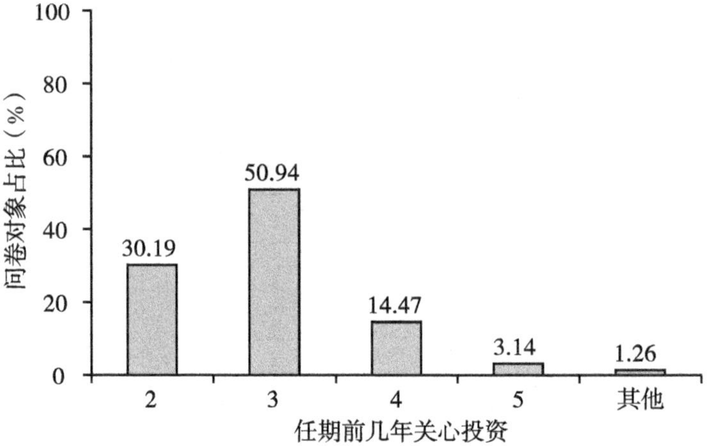

图2.1　地方官员一届任期内对投资关注度的分布情况

资料来源：根据问卷调研数据分析结果整理，作者自制。

综上所述，可以提出研究假设1b，如下。

地方官员政治任期与投资增长的倒U形分布呈现“三上二下”的分布特征，这主要是由地方官员的实际任期决定的。从第四年开始，进入晋升敏感期，一方面地方官员对前三年投资进行“查漏补缺”，另一方面为全国党代会和地方党代会的召开做准备。因此，在五年任期中，会出现前三年投资增长较快，后两年投资增长回落的现象。

（3）社会转型进程中的外部冲击

中国改革开放进程中经历了三次大型的外部政治、经济冲击。这三次外部政治、经济冲击超出了中央领导和改革框架的预设。中国式分权的制度虽然稳定，但外部冲击对国内投资和经济增长都产生了较大影响。但这三次外部政治、经济冲击并未扰乱中国改革和发展，相反，这三次外部政治、经济冲击进一步强化了国家能力，为中国的发展创造了转型和完善的契机。这三次外部政治经济冲击包括一次政治冲击，两次经济冲击，即 1989 年政治风波、1997—1998 年亚洲金融危机以及源自美国次贷危机的 2008 年全球金融危机。

政治风波源起自国内市场化改革的艰难摸索。中国改革开放没有成熟的、可参照的模板，中国坚持“渐进主义”“摸着石头过河”，在改革实践中探索市场化改革。20 世纪 80 年代，伴随着“价格闯关”“双轨制”“政治民主化”改革，一些富有创造性的改革在当时特定的历史制度环境下，诱发了社会情绪压力，并最终在 20 世纪 80 年代末期发生了政治风波。学者深刻剖析了中国改革进程中的外部政治、经济冲击及其内在逻辑。胡鞍钢（1994）指出，“中国存在明显的政治周期，且与经济周期变化互成因果关系。经济波动直接诱发政治斗争和政治周期，政治斗争和政治冲突又加剧经济波动。”20 世纪 80 年代的市场化改革激励了全国人民改革发展的热情，地方政府在“分权让利”的激励下，尤其热衷于扩大投资和刺激经济增长，在这个过程中，伴随着快速的社会变革，分配不公平、高通货膨胀率、高失业率等社会问题相应产生，加剧了社会矛盾。1989 年的政治风波并未扰乱中国领导人和改革者们改革的决心和意志，相反，面对针对改革的质疑和争论，1992 年邓小平南方谈话通过展示改革开放的成果，稳定了人心，凝聚了深化市场化改革的意志。1993 年 11 月，中共十四届三中全会召开，提出建立社会主义市场经济体制，为中国进一步深化市场化改革指明了方向。

国际经济危机考验了中国经济治理的智慧。1997—1998 年亚洲金融危机和 2008 年全球金融危机对中国政治商业周期和经济发展产生了重大冲击，但这种冲击并未扰乱中国发展的大局。面对国际金融危机，中央领导人马上调整思路，快速适应和应对国际金融危机的冲击。在当时的制度环境下，中央政府采取了差异性的应对政策，前者依靠刺激消费、扩大内需，后者则直接依靠增加政府投资规模刺激全社会扩大投资。在亚洲金融危机爆发之前，中央政府采取严厉的政府管控举措，要求地方政府削减投资，降低通货膨胀，实现经济增长“软着陆”；同时，面对对外贸易锐减的僵局，朱镕基总理以大无畏的勇气和决心，推动了住房、教育、医疗等市场化改革，通过扩大内需，提升经济发展的内生动力，推动中国经济结构由“外向型”向“内向型”转变。伴随着中国加入世界贸易组织，中央政府宏观调控“一揽子政策工具”更加丰富，中央政府宏观调控能力得到强化。在 2008 年全球金融危机之前，中央政府在相当长一段时间内保持了财政政策和货币政策的稳健，在宏观调控机制的有效刺激下，中国经济保持了快速发展势头，且扩张性政策预留空间较充足。美国次贷危机造成了拉丁美洲等新兴市场国家严重的债务和主权危机，面对险境，温家宝总理力主推出 4 万亿元投资刺激计划和人民币国际化，并综合采用了“一揽子应对政策”，特别是加强对美国政府救市的援助和支持，帮助美国联邦政府稳定市场和人心。中国在全球政治、经济格局中的地位进一步得以凸显。

据此，本书提出研究假设 2，如下。

中国的政治商业周期受到外来政治经济冲击的影响。1989 年政治风波、亚洲金融危机和 2008 年全球金融危机对官员政治任期和投资增长的倒 U 形分布产生差异性的扭曲作用。

如何理解中国政治商业周期呢？本书不满足于对中国政治商业周期的实证检验，而是进一步尝试对“三上二下式倒 U 形”分布进行微观机制的解释，特别是深入地方政府，乃至基层政府官员投资行为以及微观激励动机层面进行论述。中国地方主要官员的政治任期构成了理解中国投资和经济增长的关键，这也决定了中国政治商业周期的结构性分布特征。当然，中国政治商业周期中“三上二下式倒 U 形”分布的结构特征，是来自政治、经济、文化等多个方面的多种力量综合作用的结果。其中最重要的制度性解释来自政治换届与官员任期，特别是地方官员的实际任期情况。此外，金融性因素，如地方性银行信贷管理、文化性因素、属地主义情结等也构成了重要影响，但这些并不在本书主要讨论内容的范畴之内，在今后的研究中将另辟文阐释。本书主要是从地方干部的实际任期这一视角进行解释，其中特别值得注意的是，地方干部包括省级、地市级、县区级、乡科级等，同时，本书的解释还深入地方干部的微观激励动机的分析。基于扎实的过程研究，相应地提出政策建议，并探索新的理论创新突破口。

第 3 章　中国地方政府投资行为的逻辑分析

3.1　地方政府的角色定位与范式选择

中国式分权是改革开放四十多年来的根本性制度基础。中国式分权的内涵体现在三个层面：第一，以党的全面领导为前提的政府和企事业单位分离；第二，中央政府领导下的地方政府自主；第三，以政治人事集权为保障的经济财税分权。分权化改革以搞活地方政府以及微观利益主体为目标，以强化中央政府，特别是党委集中领导能力为改革归宿。改革与发展的根本目的在于巩固、不断加强和改进党的集中领导，这是理解中国四十多年来改革开放逻辑的根本出发点，也是理解中国政治商业周期的制度前提。中国改革开放的总设计师邓小平同志明确指出，四项基本原则是中国改革开放的政治红线，即坚持社会主义道路，坚持人民民主专政，坚持中国共产党领导，坚持马克思列宁主义、毛泽东思想；其中，中国共产党领导是最具根本性的，是一切事业取得成绩的政治保证。实践也证明，国内的改革、对外开放以及更好地融入世界都是强化了党的坚强领导的结果。当然，这种领导地位的巩固和加强并不是自然而然的，而是伴随着对相应挑战和冲突的有效应对和巧妙处理，这也进一步展现了中国共产党执政兴国的政治智慧。

分利集团是衰落的根源，大乱之后才有大治。奥尔森对集体行动困境的剖析凸显了分利集团对特殊利益的过度追求。分利集团加剧了政治冲突和社会冲突，降低了经济发展的社会效率。根据他的理论，第二次世界大战后西德、日本和法国之所以会迎来经济快速复兴，很大意义上源自第二次世界大战剧烈的冲击瓦解了这些国家的分利集团，为经济发展扫平了障碍。

1956 年，在中共八届二中全会上，毛泽东强调要“警惕形成党内贵族阶层”，不要滋长官僚主义，不要形成一个脱离人民的贵族阶层。①

3.1.1　改革开放以来中央—地方关系沿革

“文革”后期，地方力量已失去了对抗中央的能力。根据苏力（2004）的分析：“文革”割断了根据地老革命领袖同中下层党政军官员的联系，新提拔的地方主官多是来自中央政府的政治授权，这就失去了同中央政府对抗的能力。这为分权改革提供了前提，即分权不会造成央—地关系失衡乃至失控，在此情况下启动了“行政分权”。根据谢淑丽（1993）的研究，中国改革开放以前的经济结构并不是完全按照苏联、东欧计划经济结构复制的，当时只有 3% 的中国国有企业直接归中央政府调控，其余的企业都归各

① 毛泽东选集：第五卷. 北京：人民出版社，1991：325 -326。

级地方政府，其利润也多归地方政府。“文革”时期，地方政府的财政收入占全国财政收入的比例从1966年的65%上升到1975年的88%。地方政府事实上拥有相当大程度的财权和企业经营管理权，具有相当能力的经济自主权。中国不希望照搬、照抄苏联的计划经济形式。因此，开创了地方分权化，中国的整个改革按照这个政治逻辑，站在这个政治基础上向前推进。

分权赋予了地方政府较大的自主性，但根本仍在党中央。谢淑丽（1993）提出了“相互问责”，也称“双向负责”（Reciprocal Accountability）模型，用来解释中国经济改革的政治逻辑。她认为，将权力下放到省级领导人，他们作为中共中央委员会中最大的群体，构成了重要的政治力量，成为第二层政治精英。虽然地方领导人没有任何制度性渠道可以否决第一层政治精英，即中央政策制定者；第一层政治精英却很容易更换第二层政治精英，但省级领导人仍然是国内唯一可以直接制约中央最高政策制定者的政治力量。这种制约作用的关键在于第一层领导精英是否发生分裂，她认为，20世纪80年代的中国，“当中央领导人团结的时候，中央委员会只能执行中央领导人的决定；但当中央领导人有分歧时，中共中央委员会则变成一个政策议价的场域。”集体领导内部的团结与分歧确实是影响中央—地方权力均势的重要前提。黄亚生（1996）对通货膨胀的研究也发现，当中央高层领导人对紧缩政策意见不一致时，地方官员会怀疑紧缩政策的威信，并选择忽视中央停止投资扩张的命令。因此，党中央第一层政治精英之间的派系竞争较为激烈时，中央在控制通货膨胀这个集体行动问题上，比较难以克服地方第二层政治精英“搭便车”的机会主义行为，所以控制的能力与意愿都会降低。

陶仪芬（2001）指出，中国的经济分权对于中央和地方关系的影响，既没带来讨价还价视角所预测的地方讨价还价能力“坐大”，也没有带来等级视角所预测的中央高层领导维持一致的政策目标，以及严格监管地方领导行为。改革开放后，地方领导人同中央讨价还价的能力远不如设想的那么强，而且也不稳定。中央—地方关系处于动态变动之中。

许成钢（2011）指出，中国改革和发展的制度基础不同于华盛顿共识，传统上认为中国政府、公司治理、法律、金融等制度极其脆弱，中国薄弱的制度体系与所取得经济发展不相称的观点遭遇到来自实践的挑战。他从制度主义的视角提出了“地方分权式的威权体制”，强调政治集权和经济分权的一致性。地方分权式的威权体制既不同于联邦制，也与中央计划经济有着本质区别。中国式分权在世界经济增长史上是独特的，这种分权模式挑战了传统经济学思维，超越了保守僵化的政治框架，在一个基本的制度框架下，中国共产党在多元利益主体中扮演了决定性的协调角色。这种协调以党执政能力的不断改善和强化作为前提，以丰富的政治智慧最大限度地凝聚共识，调动微观主体的积极性，在共容性的利益激励下，开辟了独特的发展道路，塑造了当下的中央—地方关系。

3.1.2　地方政府行为范式梳理：混杂的“三只手”

中国政府，特别是地方政府深嵌市场经济是不争的事实。政商关系对于中国式发展道路而言是一个中性词，这是因为地方政府在推动经济增长和社会发展方面兼具扶持之手、无为之手等作用。并且地方政府的“手”具有混合性。就其扶持性而言，洪银兴和曹勇（1996）指出，中国地方政府的行为深刻嵌入了市场性，这表现在市场机制缺失的必要补充，协助微观主体竞争，保护本地利益以及制度创新。就其掠夺性而言，既有制度性的掠夺也有随机性的“吃拿卡要”。就其无为性而言，政府一方面促进市场力量的兴起，另一方面鼓励公民社会发展，将一些政府职能，特别是公共服务交与市场和社会解决。

扶持之手的代表性范式刺激了地方政府范式。戴慕珍（Jean Oi）率先提出“地方政府法团主义”概念，地方政府似乎是一个从事多种经营的实业公司，并且具体介入工厂管理、资源分配、行政服务、投资贷款等。魏昂德（Andrew G. Walder）提出“地方政府即厂商”。魏昂德（1995）指出，财政包干和分灶吃饭刺激了地方政府角色和行为的变化，地方官员能够将公有制企业当作民营公司管理，地方官员几乎扮演了代理人角色。杜珍（Jane Duckett）提出“企业家型政府”。她（1998）指出，地方政府中很多职能部门有开公司、办企业的现象，但这适应了“干部下海”的历史潮流的需要。林南和彭玉生很快对此进行了理论修正。林南（1996）以天津市大邱庄为例，提出了“地方性市场社会主义”，强调地方网络在地方政治和经济组织系统中的重要作用：在大邱庄，魅力型领袖的权威超过了自上而下的国家科层体制的影响。彭玉生（2001）运用 1993 年江阴市的调查资料进行实证检验，提出了“村镇政府即公司”。他的研究发现，村镇企业能提高生产率。他进一步对魏昂德的观点做了补充，是市场间接监督减小了乡镇企业的代理问题。

地方政府的扶持作用也有相对温和的学术表达。布莱切（Marc Blecher）与许慧文提出“发展型政府”，用来描述地方政府间接参与市场经济。他们基于河北省辛集市政府行为的个案进行分析发现，地方政府已经不再直接参与集体企业的微观经营管理活动，但仍然关心私人公司的发展，这种间接的外围服务更具有发展性。地方政府之所以这样做主要是为了扩大税收。蒙蒂诺拉（Gabriella Montinola）、钱颖一和温加斯特（Barry Weingast）从财政体制改革的思路提出了“市场增进型财政联邦主义”。他们强调，分灶吃饭激发了地方政府发展地方经济的积极性和主动性，同时肇始于农村土地和农产品市场的要素市场化改革促进了生产要素的自由流动，而辖区竞争促进了投资“用脚投票”，又迫使地方政府不断提升服务质量，创造良好的投资发展环境，并约束了地方政府的掠夺行为。这种激励与约束的有效结合促进地方政府不遗余力地发展市场经济。特别需要指出的是，张五常将“佃农理论”（张五常，1967）引入中国的分析，创造性地提出了“县域竞争”（张五常，2009）的概念，揭示了地方经济发展的充足动力。

无为之手的讨论逐渐兴起。宏观上来看，无为之手旨在通过鼓励市场和社会力量，协助政府改进职能履行，特别是公共服务供给，促进善治，如“市场增进型政府”（青木昌彦，1996）范式倡导的鼓励行业协会等中介型组织的兴起，既能够更好地扮演协调作用，还可以促进微观利益主体的市场积极性。同时，受新公共管理运动的影响，政府大量购买公共服务，通过服务外包刺激社会组织的发展，特别是深圳和上海等发达地区，公民社会发展迅速，这种公共服务供给方式的创新改进了服务质量，提升了服务水平。但对于经济欠发达的中西部地区而言，无为之手可能更多地指向了政府的无力作为。周飞舟（2006）指出，农业税费改革后，有些乡镇逐渐沦为“悬浮型政权”，政府财政基本成了养人的“吃饭财政”，政府行为从过去的“要钱要粮”变为“跑钱借债”，基本公共服务供给严重不足。

3.1.3 地方政府自主性的由来与依据

地方政府范式的多元化实际上反映了地方自主性。市场化改革加速了地方政府实际权限及行为选择空间的膨胀。就其消极方面而言，地方政府有了政策变通的空间，可以实现对中央政策的选择性执行，这引起了中央部委职能部门的不满。但总体而言，这种自主性是必要的。特别值得注意的是，自主性和自主权之间存在较大区别：地方自主权是法律意义上的法定权利，而地方自主性则是政治意义上的中央授权，地方自主性是地方自主权的外延。

地方政府自主性存在深刻的依据。淡化外部制度环境和政策激励的影响，地方政府自主性是内生的，有着深刻的政治、经济、文化根源。市场化改革刺激了这种内生扩张，而源自辖区竞争、政治晋升、财税激励、职权扩张等激励进一步放大了地方政府自主性扩张的动力和成效。徐勇（2016）认为，中国的改革开放扩大了地方自主权，对统制主义的突破和自主性的生成是改革的起点。市场化改革以来，地方政府自主性的来源具体表现在以下五个方面。

第一，经济发展需要的土地、劳动力、能源、原材料等大量要素资源均沉淀在地方政府，而地方政府对此拥有直接控制权，或者至少对其配置及运作有重大影响。国家统计局公布，中央企业从业人员的全国占比不到4%。资源沉淀在地方政府，所有的项目落地和资本形成均需要源自地方政府的要素整合。市场经济的根本要义在于要素的自由流动以及价格配置。中国市场化的起步就在于农村土地的市场化变革，以此为契机，劳动力市场和农产品市场得以启动。同时，城市国有企业改革，开启了城乡流动和城市化的大门。工业化和城市化是中国经济增长的两大引擎，计划经济体制在短期内靠政治动员和偶像崇拜也能快速带来较高工业化和城市化，但高昂的社会成本无法得到有效的消化，只能靠行政命令进行强压。同时，产业的不均衡发展是明显的，经济结构中的“长短腿”现象突出。

另外，对于转轨经济而言，计划内价格向市场价格的“并轨”是一个严峻的挑战，如果跨不过去，就会带来混乱，危及政权。此外，地方政府在市场化转型中面临的最大弊病在于市场分割以及由此带来的“以邻为壑”。随着市场经济的深化，地方政府靠“要素沉淀自重”的情况在弱化，但地区发展差距的拉大，加剧了要素收入分配的不均等，更加凸显了地方力量。任何试图实现要素收入分配均等化的政策努力和市场行为，均需获得地方政府的同意和支持。

第二，地方政府是大部分中国经济发展的主要参与者和决策者。特别是自20世纪80年代以来快速发展的乡镇企业、外资企业和民营经济，成为中国经济增长中最重要的引擎。乡镇企业是地方经济发展的第一波“热潮”，当时地方政府深度参与乡镇企业的发展。渠敬东（2013）从占有、经营、治理三个经典理论出发剖析了乡镇企业的生成结构和运行机制，深刻揭示了乡镇企业作为社会运行的多重因素和多重环节的交集点所蕴含的制度创新空间和改革时代的制度精神。

20世纪90年代以来，外商投资逐渐成为地方经济发展的“香饽饽”，特别是在东亚地区产业转移的大背景下，利税丰厚的重化工业被引入东部沿海地区。在激烈的地方政府竞争下，地方政府给予外商投资极高的制度和政策支持，甚至是“超国民待遇”，导致在雇工和环保方面的“政策退让”，也被陶然等（2007）批评为

“竞次竞争”。民营经济的快速崛起受到了外商投资的外溢效应，随着中央政策关于民营经济的鼓励和支持，民营经济在地方“遍地开花”，极大地带动了社会就业并促进了经济繁荣。

第三，在中央政府的监督下，地方政府发起政策试验或者政策学习扩展，为中央政策的制定提供借鉴和参考。分权改革释放了政府和市场的活力，特别是以放权让利和分灶吃饭为标志的财政体制改革，更是激发了地方政府的发展热情（Wong，1994；Huang，1996）。然而在这个过程中，国家权威也逐渐“碎片化”，这主要表现在两个方面：其一，地方政府利益扩张逐渐对中央政府形成了压力和挑战，最富代表性的是“诸侯经济”和“中央财政困难”；其二，部门利益崛起，职能部门打架，职能部门对于有利的事情抢着管，无利的事情则“踢皮球”，而且条块分割严重，造成分权对体制的压力。1994 年的分税制改革，中央政府尽管强化了财税的主导权，但与此同时强化了地方政府的政治自主权（项怀诚，2001，2007；周飞舟，2006）。许成钢指出，改革开放进程中的重大改革，如农村土地制度改革、特区、国有企业改革等均是依靠地方试点进行政策创新和摸索。

李军杰（2005）认为，中央政府借助地方政府推行的制度创新“试验”，不得不预留给地方政府一定的制度创新空间，由于信息不对称以及制度约束“软预算”的存在，往往诱使地方政府行为出现“激励变异”和“代理变异”。地方政策创新不断，从其原动力而言，往往是地方领导谋求政治晋升的结果。从各地的政策创新实践看，政策创新具有极强的选择性：各地在选择政策创新突破口时往往会在本地的要素禀赋和中央政府的政治偏好中追求折中，进而选择符合“本地有能力、政治正确、短期见效”这一原则的最优解决方式。

第四，地方政府凭借地方性知识，维护了基层社会自治，保证了公民有序参与政治，经济发展对劳工权利、保护环境、社会稳定的矛盾冲突被严格限制在可控的范围内。迈克尔·曼区分了专制性权力（Despotic Power）和基础性权力（Infrastructural Power），其中基础性权力是指通过社会获得的权力；基础性权力的提出进一步激发了学界对国家能力和国家建构等问题的关注。周雪光和艾云（2010）基于一个北方农业乡镇2000—2008年四届村庄选举演变过程中的个案研究，提出了“多重制度逻辑”的分析框架，具体阐释了国家逻辑、科层逻辑、乡村逻辑在基层民主选举场域内的相互作用。姚金伟等（2016）提出，制度复杂性源自政府多元行为逻辑的不兼容性，具体包括国家逻辑、专业逻辑、地方性逻辑、市场化逻辑。

基层社会异常复杂，在宗族力量强大的江汉平原和南方地区，这种复杂性加剧了基础性权力的难度。当然，也不能否定宗族在基层自治中发挥的积极性作用。徐轶青和姚洋（2015）基于1986—2005年220个村庄的实证分析证实，宗族作为基层社会中的非正式制度显著提升了当地的公共产品供给水平，当然前提是村委会的领导必须来自大宗族之中，乡村宗族政治结构有助于破解“集体行动”难题。

第五，地方政府承担了大多数公共服务供给。公共服务的财政支出结构占比真实反映了政府的行为逻辑。1994年分税制改革确立了中央与地方关于财权和事权的划分基准，地方财政紧张，但公共服务职能履行的事权却大量下沉。大量的公共产品供给通过项目专项的方式进行，也有学者称之为“项目治国”（周飞舟，2012）。而这些专项均是通过地方政府落实的。

项目制也会带来一定的消极影响。有学者提出“资源消解自治”和基层债务膨胀的观点等。李祖佩（2012）指出，将原来的软指标当成硬指标，无力引导农村基层组织的发展、革新。姚金伟（2016）从服务型政府兴起的背景讨论了项目制，通过 1995—2006 年转型因子的实证研究发现，官僚自利主导了政府转型的异化，带来了技术性治理的泛滥。有些地方政府一旦陷入自利，就会出现“政策害民”，项目制亟待规范。正是有些地方政府政策执行中的不当，造成民众“信中央不信地方”的心态。

3.2 投资的政治经济学分析

投资不是单纯的经济行为，更多地反映了政治行为。Key（1940）曾质问，“基于何种标准，资金被用于 A 而不是 B。”Wildavsky 和 Caiden（2006）更是明确指出，预算是典型的政治行为。公共财政的核心是八个字：以政定财、以财行政。对于转型经济而言，投资是重要的政策工具，服务于政治要求。科尔奈（1980）剖析了“投资饥渴”和投资周期。黄亚生（1996）在《中国通货膨胀和投资控制》一书中继承和修正了科尔奈的理论，在他看来中国改革开放以来尽管形成了良好的制度环境以及制度激励，特别是政治激励和财政激励，“投资饥渴”仍然适用，但微观基础发生了变化。具体而言，地方政府有了更充足的经济发展热情，表现在快速增长的投资，投资需求在信贷支持下转化为“实际需求”，进一步催生了较高的通胀压力，因为存在激烈的地方竞争，抗通货膨胀成为需要中央政府亲自提供的“公共物品”，而地方政府则竞相争当“搭便车者”，只顾批项目、上投资，将通胀的包袱甩给中央政府。但中央政府通过有效的政治控制，控制住了通货膨胀，并逐渐熟练地控制了地方的投资热情。

投资是转轨经济体重要的观察视角。中国市场化改革过程就是一个从计划经济向市场经济的转型过程，“摸着石头过河”的渐进主义改革道路设计，使中国避免了苏联和东欧的“休克疗法”，避免了大的社会混乱。今天中国的市场化改革进入了更深层次的攻坚，但2012年以后，中国经济进入新常态，投资虽然仍是重要的政策工具，但已发生了较大变化。

3.2.1 投资激励与中国经济增长：1978—2012年

改革开放四十多年来，中国取得了令人瞩目的经济成就。图3.1具体报告了中国35年宏观经济的走势情况。年均9.93%的增长率水平，中国经济在“周期性波动”中持续增长了35年，吸引着全球目光，中国已成为全球经济增长的重要动力源。

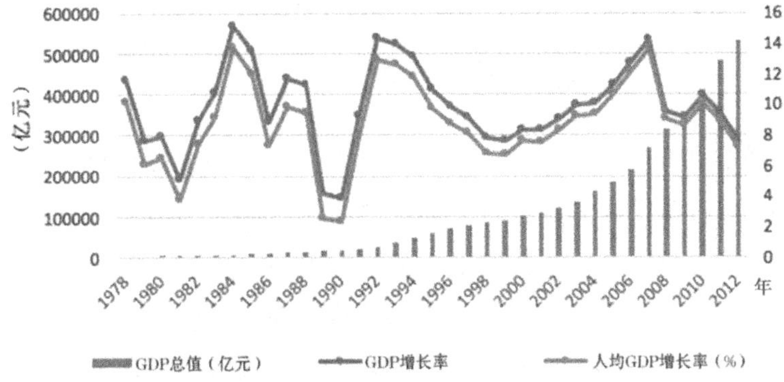

图3.1 中国经济增长（1978—2012）

数据来源：国家统计局官网。

投资是显性的治理能力。经济增长的背后是制度激励，当政治激励充足，特别是在政治精英的更迭之际，改革的事业需要具有开拓精神的年轻力量，而年轻的政治精英也需要以实际的经济发展绩效向体制证明自己。政治激励是投资的第一驱动力，但政治激励驱动型的增长容易带来大的波动。一方面，干部的调动会对投资项目有大的影响，往往“一个干部有一个思路，一个思路也有不同项目”；另一方面，干部异地交流和轮岗制度倾向于将干部锻炼成为“多面手”，而不止单一的经济发展能力。当政治激励不足，特别是面临年龄等限制时，经济激励作用突出，这既源自政策性的奖励和投资绩效，也源自财税制度对地方发展热情的鼓励。当然投资并不是万能的，也会带来副作用，诸如通货膨胀、结构性产业，乃至社会环保问题，但这些问题更偏公共物品，由中央政府负责。对于中央政府而言，这些问题反而成为中央政府有效约束地方政府行为的措施。投资驱动型的发展是中央政府和地方政府经过反复博弈后形成的合作默契，确保了经济增长的持续性。

3.2.2 地方政府的理性诉求

政府并非抽象的价值概念，而是由政治家和官员组成。政府行为逻辑归根结底是理性的公职人员主导政治过程的目标函数集合。尼斯坎南（1971）具体剖析了官僚的目标函数。中国的公职人员几乎都是同质化的官员，基层社会存在大量股级及以下的办事人员和工作人员。其政治晋升是由上级党委和领导决定的，基层公职人员的纵向人事控制机制是政治过程的核心（Huang，1996；周黎安，2007；Guo，2009）。另外，政策执行者天然具有更大的自由裁量权，借以强化自身及部门对社会控制的权力，一定程度上存在“权力部门化，部门利益化”现象（林尚立，2001；托尼·赛奇，2006）。地方政府着实存在理性诉求，这是理性的官员对政策刚性的应激性反应，这不仅减少了政策对其利益关系调整和再分配带来的损失，而且进一步激励其拓展了利益范畴。

政治家的目标函数是地方政府行为的根源，尤其表现在政治晋升、财政激励、权力扩张三个方面。以服务型政府转型为例，服务型政府是当代中国政府体制转型的目标选择，是中国政治发展的必由之路。

3.3　地方政治精英转换与选拔

政治精英转换是代际政治发展和更迭的关键。徐湘林（2001）指出，改革开放后，新型的中青年知识—技术型干部逐渐取代革命干部，投身到以“经济建设”为中心的现代化路线当中。邓小平大力起用年轻、锐利的地方年轻干部，鼓励他们争当改革“干将”和“闯将”，有力地推动了改革开放事业。1980 年，邓小平提出了“干部四化”，即革命化、年轻化、知识化、专业化，其中革命化是最大的“德”，要坚持社会主义道路和党的领导。林挺进（2007）基于全国 268 个地级城市中 264 名市长的个人背景、教育背景、工作经历以及他们的政治升迁状况证实，“干部四化”政策对市长的政治升迁有实质性的效果。

干部考核是干部治理体制的核心。荣敬本（1998）指出，中国的干部体制是“压力型体制”，在这一体制下，地方官员的晋升取决于握有组织人事权的上级政府，如党委组织部门及主管领导的好评，因此上级政府有足够的底气给下级政府布置经济社会发展指标和任务，而考核标准就成为关键。1979 年，中共中央组织部发布《关于实行干部考核制度的意见》，正式提出了政绩考核，并逐渐确立了“能力导向型的干部选拔机制”。1988 年，中共中央组织部规定了考核程序和评价指标，考核内容包括以下三部分：

工作实绩评价、德能素质评价、自我工作评价和努力方向。2014年，中共中央印发《党政领导干部选拔任用工作条例》，提出“信念坚定、为民服务、勤政务实、敢于担当、清正廉洁”的干部标准。2016年11月，中共中央组织部常务副部长陈希在《人民日报》撰文《坚持正确选人用人导向》，坚决纠正唯票、唯分、唯生产总值、唯年龄取人等偏向。

学界对中国干部晋升的理论解释视角主要集中在以下两类假说。

第一，特征说。“干部四化”在中共十二大上被写入大会通过的新党章，成为官员政治选拔的重要标准。“革命化”是前提，要坚决拥护中国共产党的领导、坚持社会主义路线。“年轻化”是对官员年龄的要求，主要是实行离退休制度，使各级领导班子有一个合理的年龄结构，把年轻干部选拔到领导岗位上。“知识化”是对官员教育程度的要求，为适应“以经济建设为中心”的需要，一方面要注重提升学历，另一方面要注重改革的闯劲和魄力。“专业化”是对官员专业水平和业务能力的要求，鼓励技术—管理复合型和专家型的人才走上领导岗位。“干部四化”影响如此深刻，以致不少单位和地区在选人、用人时甚至片面地追求干部年轻化和高学历，出现了篡改年龄、“官员混学历”、“学位论文造假”的情况。

以“唯年龄论”为例，一些地方政府规定：超过35周岁的不再提拔进入乡镇党政班子，超过40周岁的不再提拔进入县级党政班子，超过50周岁的不再提拔进入地级党政班子，超过57周岁的不再提拔进入省级党政班子。由于年龄天花板的存在，在地方干部，特别是基层干部眼中，“30岁当官、40岁靠边、50岁赋闲”的说法颇为流行。一些地方甚至出现“提前退居二线”的办法，即未到达退休年龄就从领导岗位改任非领导岗位。此外，年轻干部被火箭提拔的情况也层出不穷，其中不乏闯劲、敢拼敢干的政坛新锐，当然也不同程度地存在各种复杂的关系。“年龄现象”在实证研究中得到较多验证，纪志宏等（2014）基于 268 个地级市市长和市委书记的信息资料，研究了官员年龄对信贷规模的影响，研究发现，银行信贷峰值出现在地方官员 54 岁左右，1992 年中央提出省级党政领导班子成员平均年龄保持在 55 岁，因此 54 岁对地市级领导来说是一个重要的“坎”。

第二，能力说。经济绩效对于官员晋升意味着什么？根据其影响程度的深浅，分别有标尺赛（Maskin 等，2000）、锦标赛（周黎安，2004）、资格赛（杨其静、郑楠，2013）三种假说。Maskin 等（2000）基于中央委员数据的实证分析，率先提出了地方官员之间的晋升标尺赛。周黎安等（2004）则进一步提出中国地方官员之间存在基于经济增长业绩的晋升锦标赛。李宏彬和周黎安（2005）通过实证分析也证实了经济业绩指标对省领导的晋升呈显著性正影响。陶然等（2010）批评这些研究夸大了经济绩效的解释力。杨其静和郑楠（2013）基于 2003—2012 年市委书记的数据证实，在严格限制样本范围之后，市委书记之间可能存在非常宽松的晋升资格赛。

值得注意的是，自党的十七大以来，干部考核机制的一个重要变化是干部晋升考核日益多元化。改革开放进程中，长期盛行将官员的政治晋升和其经济发展绩效直接挂钩，即所谓的“数字出官”。下级官员依靠突出的经济发展政绩得到高层领导的青睐和赏识，对其晋升至关重要。在以 GDP 论英雄的干部晋升考核体制下，各级官员特别关注工业化和城市化对于经济发展的显著拉动作用，将主要精力都放在了招商引资、拉投资、上项目上。

为了提升经济发展的质量，中央政府逐渐调整激励结构，强调干部考核不以 GDP 论英雄。中央政府积极倡导“绿色 GDP”，从重视经济增长的速度和数量，转变为强调“以人为本”的发展质量。党的十八大以来，中央政府上台伊始，便强调不能简单地以 GDP 论英雄，而是要把“民生改善、社会进步、生态效益等指标和实绩作为考核干部政绩、考虑干部升迁的重要依据”。中央政府做出的制度调整很快得到实践响应。孙伟增等（2014）以 2004—2009 年中国 86 个重点城市的面板数据研究发现，随着中央政府对地方官员的考核机制的科学化，环保考核的影响逐渐凸显。

GDP 作为衡量干部“德、能、勤、绩、廉”的决定性指标的地位得以弱化。对于中国政治而言，干部考核标准本质上是政治风向标，官员的绩效考核体现了中央政府的治理思路和发展理念。近年来，中国改革逐渐步入深水区和攻坚期，在此进程中，有三方面的问题亟待解决：一是改善民生，使农民、农民工等社会弱势群体更多地分享改革开放的成果；二是调整利益分配，针对长期累积形成的结构性问题进行利益关系的再调整，特别是央—地关系、城—乡关系、劳—资关系、政—企关系等；三是保护生态，极力纠正“先污染、后治理”的发展实践，在促进经济发展的同时也要确保“青山绿水”。

随着中央选人、用人标准的日益多元化，敢于担当、勇于改革的干部成为新的导向，相应地，地方政策创新层出不穷。通过各个领域的政策创新，地方政府的探索为中央政府提供了有效的决策支撑。干部晋升和干部流动则相应地带动了创新性政策的政策扩散。

从各地的政策创新实践看，政策创新具有极强的选择性：各地在选择政策创新突破口时往往会在本地的要素禀赋和中央政府的政治偏好中追求折中，进而选择符合“本地有能力、政治正确、短期见效”这一原则的最优解。当然这并不是否定各地政策创新的社会经济意义及其政策价值，而是强调此类政策的稳定性不强：毕竟继任者同样需要新的政策创新谋求新一轮政治晋升。因此，实践中也产生了大量“人走政息”的现象，许多极富探索性的政策创新随着主政官员的调整而逐渐“熄火”，刚建立起的高效政府公信力也随着官员变动而分化。这进一步凸显出官员实际任期的重要性，中国地方官员的流动机制显得尤其突出。从这个意义上看，确保政府任期制的稳定，对于促进地方持续发展、改进地方治理质量、提升政府公信力、实现长治久安具有十分突出的意义。

第 4 章　政治任期与固定资产投资的实证检验：1978—2012

4.1　研究设计

4.1.1　研究样本与数据来源

本书选用 1978—2012 年中国省级地方政府全社会固定资产投资及相关经济社会统计数据，该面板数据经检验高度平衡，适合采用固定效应模型。本书采用的统计数据和指标都来自国家统计局或地方政府的官方统计年鉴、统计公报及相关资料等，研究数据来源权威可靠，这确保了研究的可重复性，研究信度较好。具体而言，本书采用的经济社会数据指标等均来自《中国统计年鉴》、地方统计年鉴和统计公报等相关资料。在变量测量中，对省级全社会固定资产投资扣除人口和投资价格指数的通胀影响，针对个别数据缺失，选用相关替代性数据进行计算。本书观测点为 1 085 个，存在个别数据缺失，具体观测值数量以固定效应模型中的统计量为准。

4.1.2　变量测量

1. 被解释变量

人均不变价格全社会固定资产投资。具体而言，是全社会固定资产投资除以人口数量和固定资产投资价格指数，该指标能够有效衡量省与省之间全社会固定资产投资的分布差异以及真实水平。同时，对于固定效应模型而言，全社会固定资产投资在进行人均不变价格处理后能够有效扣除人口和投资通胀指数等因素的干扰，提高模型的拟合效度。

2. 解释变量

因变量选取名义变量进行处理。具体而言，按照换届第一年、第二年、第三年、第四年、第五年对1978—2012年七个五年周期进行名义变量赋值。如表4.1所示，1978年以来，中国政治换届逐渐形成了稳定的换届规矩：从1978年开始，每五年形成一个政治周期，从1978年到2012年，共形成了七个完整的五年政治周期；如果按照全国人民代表大会第一次会议作为换届第一年，一个周期内的全国党代会召开年作为换届第五年，这就构成了一届地方政府完整的五年政治任期。由此，1978—2012年，中国地方政府共形成了七次完整的政治换届周期。按照变量的操作化处理：换届第一年具体指1978年、1983年、1988年、1993年、1998年、2003年、2008年；换届第二年具体指1979年、1984年、1989年、1994年、1999年、2004年、2009年；换届第三年具体指1980年、1985年、1990年、1995年、2000年、2005年、2010年；换届第四年具体指1981年、1986年、1991年、1996年、2001年、2006年、2011年；换届第五年具体指1982年、1987年、1992年、1997年、2002年、2007年、2012年。之所以采用这种一般化的设计，是因为中国地方政府包括省级、地市级、县区级和乡科级四级，而这四级政府主要党政官员的实际任期存在巨大的差异。就其实际任期的概率密度分布而言，从 1 年到 10 年不等，这就凸显了进行一般化的任期界定研究的必要性。表 4.1 详细报告了这七个政治周期的换届时间分布以及解释变量的操作化处置。

表 4.1　当代中国地方官员政治换届任期分布

中国共产党全国代表大会	召开时间	全国人民代表大会	召开时间	换届第一年	换届第五年
中共九大	1969 年 4 月 1 日—4 月 24 日	—	—	—	—
中共十大	1973 年 8 月 24 日—8 月 28 日	第四届第一次会议	1975 年 1 月 13 日—1 月 17 日	1975	—
中共十一大	1977 年 8 月 12 日—8 月 18 日	第五届第一次会议	1978 年 2 月 26 日—3 月 5 日	1978	1982
中共十二大	1982 年 9 月 1 日—9 月 11 日	第六届第一次会议	1983 年 6 月 6 日—6 月 21 日	1983	1987
中共十三大	1987 年 10 月 25 日—11 月 1 日	第七届第一次会议	1988 年 3 月 25 日—4 月 13 日	1988	1992
中共十四大	1992 年 10 月 12 日—10 月 18 日	第八届第一次会议	1993 年 3 月 15 日—3 月 31 日	1993	1997

续表

中国共产党全国代表大会	召开时间	全国人民代表大会	召开时间	换届第一年	换届第五年
中共十五大	1997年9月12日—9月18日	第九届第一次会议	1998年3月5日—3月19日	1998	2002
中共十六大	2002年11月8日—11日14日	第十届第一次会议	2003年3月5日—3月18日	2003	2007
中共十七大	2007年10月15日—10日21日	第十一届第一次会议	2008年3月5日—3日13日	2008	2012

资料来源：根据历次全国党代会及历次全国人民代表大会第一次会议召开时间整理，作者自制。

3. 控制变量

（1）基础性社会需求变量。经验研究证实（才国伟和黄亮雄，2010），人口规模和地区生产总值等经济指标存在较普遍的规模经济效应，但随着人口规模的膨胀，会形成拐点效应，并在统计上形成倒U形分布。扣除人口因素和价格因素的影响，人口规模和人均实际GDP在社会经济分析中发挥着最基础性的作用，统计上也表现出显著的刚性关系。一般意义而言，人口规模越大，基础性社会需求越大，对全社会固定资产投资的需求越高。因此，人口规模等基础性社会需求变量同人均不变价格全社会固定资产投资存在较显著的正相关关系。

（2）发展性社会需求变量。经验研究证实（徐涛，2003），贸易依存度、城镇化水平和经济增长水平对衡量地区社会经济发展状况具有重要参考意义，这三个统计指标是发展性社会需求变量，能够有效反映地区经济结构和经济发展水平，特别是全社会固定资产投资要遵照一定的经济规律和财务回报，而经济增长水平、城镇化水平和贸易依存度是很好的控制变量。一般意义而言，这三个发展性社会需求变量与人均不变价格全社会固定资产投资同样存在较显著的正相关关系。

（3）供给变量。财政资金在全社会固定资产投资规模的资金占比并不高，从全社会固定资产投资的资金构成看，财政资金投入所占比重均在7%以内，这就极大消除了共线性的问题。但从供给角度看，政府财政资金支持不仅为全社会固定资产投资形成提供资金供给支持，更重要的是，其发挥的示范和引导效应对于坚定社会资本的投资信心以及引导社会资本投资方向发挥了重要作用。一般意义而言，财政支出规模扣除人口因素和价格因素对人均不变价格的全社会固定资产投资具有显著的正相关关系。这意味着财政状况越充裕的地方，其投资效益越显著，如表4.2所示。

表4.2　地方官员政治换届任期与投资增长变量分析

变量类型	变量名	变量定义
因变量	人均不变价格的全社会固定资产投资	全社会固定资产投资扣除人口和投资价格指数
控制变量	人口	年末总人口数
	人口平方	年末总人口数的平方
	人均实际GDP	地区产值扣除人口和消费者价格指数
	经济增长率	以上一年为参考值的国内生产总值指数
	城镇化水平	年末城镇人口与总人口的比重
	贸易依存度	进出口总额占GDP比重
	人均不变价格财政支出	财政支出扣除人口和消费者价格指数

续表

变量类型	变量名	变量定义
自变量	换届第一年	名义变量，1978 年、1983 年、1988 年、1993 年、1998 年、2003 年和 2008 年赋值为 1，其他年份为 0
	换届第二年	名义变量，1979 年、1984 年、1989 年、1994 年、1999 年、2004 年和 2009 年赋值为 1，其他年份为 0
	换届第三年	名义变量，1980 年、1985 年、1990 年、1995 年、2000 年、2005 年和 2010 年赋值为 1，其他年份为 0
	换届第四年	名义变量，1981 年、1986 年、1991 年、1996 年、2001 年、2006 年和 2011 年赋值为 1，其他年份为 0
	换届第五年	名义变量，1982 年、1987 年、1992 年、1997 年、2002 年、2007 年和 2012 年赋值为 1，其他年份为 0

表 4.2 具体报告了变量分布及其操作化，包括被解释变量、解释变量和控制变量。控制变量而可以借鉴经济学中的供给变量和需求变量进行区分，进一步说，需求变量分为基础性社会需求变量和发展性社会需求变量。

4.1.3　描述性统计

表 4.3 报告了变量描述性统计结果。变量值分布特征稳定，其中被解释变量基础性社会需求变量和供给变量值标准误差较大，变量值数据结构分布存在较大的差异和波动；贸易依存度、城镇化水平和经济增长率这三个发展性社会需求变量则标准误差较

小，变量值数据结构分布差异较小且总体保持较好的稳定性。总体而言，本书选用的被解释变量、解释变量、控制变量的变量值数据结构分布较稳定，这也意味着变量值统计意义上的分布质量较好。

表 4.3　地方官员政治换届任期与投资增长分析变量描述性统计

变量	样本	均值	标准误差	最小值	最大值
人均不变价格全社会固定资产投资	1 085	2 930.47	5 707.32	21.76	56 155.56
人口	1 085	3 792.125	2 485.42	178.82	10 594
人口的平方	1 085	2.06×10^7	2.33×10^7	31 976.59	1.12×10^8
人均实际 GDP	1 085	9 445.92	14 008.57	174.48	88 852.78
经济增长率	1 084	111.21	4.19	90.8	126.2
城镇化水平	1 059	35.17	18.53	7.6	89.3
贸易依存度	1 054	25.18	43.41	0.13	379.44
人均不变价格财政支出	1 085	957.33	1 968.64	23.35	28 400.15
换届第一年	1 085	0.2	0.4	0	1
换届第二年	1 085	0.2	0.4	0	1
换届第三年	1 085	0.2	0.4	0	1
换届第四年	1 085	0.2	0.4	0	1
换届第五年	1 085	0.2	0.4	0	1

4.2 模型报告

4.2.1 模型设定

根据变量和数据分布结构以及固定效应模型的建构要求，对研究选用的高度平衡面板数据构建双向固定效应面板模型，建构模型结果如下：

$$Y_{it} = \alpha \sum D + \beta X_{it} + V_i + U_t + \varepsilon_{it}$$

其中 i = 第 1，2，3，…，31，代表省级行政区；t = 1978，1979，…,2012 年，代表年份分布。Y_{it}是被解释变量，表示人均不变价格全社会固定资产投资；$\sum D$ 是解释变量，具体是关于官员政治换届任期的名义变量；X_{it}是其他控制变量，而 α 和 β 分别对应其系数；V_i、U_t分别是地域效应和时间效应得到相应控制；ε_{it}是不可观测的误差项，用来代表其他对被解释变量产生影响而未被考虑到纳入模型的因素。这就确保了模型设定的科学性和逻辑完整性。

选用固定效应模型，本书的 Hausman 检验分析结果显示，1978—2012 年总体模型以及各分阶段模型的检验值在 1% 的置信度区间呈现出显著性。这就要求设定拟合模型时，应选用固定效应模型，进行变量值估计和拟合。进一步说，为了提高设定计量分析模型的拟合精度，本书选用双向固定效应模型，即在模型中同时克服时间效应和地域效应的影响，这就扣除了年份和省域的差异性影响，由此确保解释变量的有效性。

4.2.2 双向固定效应模型报告

本书报告了1978—2012年总体计量模型结果，并进一步区分了分阶段计量模型，即1978—1992年的计量模型分布、1993—2002年在江泽民担任总书记时期的计量模型分布以及2003—2012年在胡锦涛担任总书记时期的计量模型分布。总体而言，“三上二下式倒U形”分布在总体模型和分阶段模型中均得到显著性证实，为了更加详细地检视该分布特征的稳定性，在稳健性检验中，逐一对七个政治周期分别进行了计量模型拟合。依据研究假设，除三次外部政治经济冲击所在的三个政治周期，政治任期与人均不变价格固定资产投资的“三上二下式倒U形”分布表现不显著，且存在显著的扭曲作用；其他四个政治周期中，“三上二下式倒U形”分布呈现出显著性的结构性分布特征。

表4.4报告了总体计量模型和分阶段计量模型的统计结果。计量分析结果具体如下显示。①扣除控制变量的显著性正相关关系，解释变量和被解释变量呈现出显著的“三上二下式倒U形”分布，地方官员任期周期表现显著。②1978—2012年总体模型报告的“三上二下式倒U形”分布在1978—1992年、1993—2002年以及2003—2012年呈现出不同特征的倒U形分布，依次表现出“M形”“S形”和“N形”结构分布特征。③这不同类型的结构分布特征对应了投资快速增长的三年在五年周期中的不同政治换届年份的分布距离和分布形式。④总体而言，1993—2002年地方官员的政治换届任期与人均不变价格全社会固定资产投资的结构性分布特征同其他模型分布特征相比差异最大，这也意味着在这一时期，该分布结构遭遇了重大冲击。

表 4.4　1978—2012 年总体模型和三个分时期固定效应面板模型

变量	人均不变价格全社会固定资产投资							
	1978—2012 年（1）	1978—2012 年（2）	1978—1992 年（1）	1978—1992 年（2）	1993—2002 年（1）	1993—2002 年（2）	2003—2012 年（1）	2003—2012 年（2）
Control	13 266.13*** (4.29)	16 648.27*** (5.05)	360.95** (2.28)	600.97*** (3.97)	710.20 (0.23)	1 369.25 (0.43)	4 685.94 (0.29)	7 068.72** (0.45)
人口	−5.93*** (−9.43)	−5.93*** (−9.43)	−0.30*** (−6.49)	−0.3*** (−6.49)	−1.4 (−1.47)	−1.4 (−1.47)	−19.08*** (−7.59)	−19.08*** (−7.59)
人口的平方	0.0004*** (10.52)	0.0004*** (10.52)	0.00002*** (6.16)	0.00002*** (6.16)	0.00004 (0.74)	0.00004 (0.74)	0.0009*** (5.95)	0.0009*** (5.95)
人均实际GDP	0.11*** (9.11)	0.11** (9.11)	0.30*** (18.22)	0.3*** (18.22)	0.3*** (12.15)	0.3*** (12.15)	0.67*** (15.5)	0.67*** (15.5)
经济增长率	−11.43 (−0.52)	−11.43 (−0.52)	−1.63* (−1.81)	−1.63* (−1.81)	32.21** (2.04)	32.21** (2.04)	404.67** (3.73)	404.67*** (3.73)
城镇化水平	30.83*** (3.3)	30.83*** (3.3)	−0.38 (−0.48)	−0.38 (−0.48)	4.1 (0.74)	4.1 (0.74)	46.92 (1.15)	46.92 (1.15)

续表

变量	人均不变价格全社会固定资产投资							
	1978—2012 年（1）	1978—2012 年（2）	1978—1992 年（1）	1978—1992 年（2）	1993—2002 年（1）	1993—2002 年（2）	2003—2012 年（1）	2003—2012 年（2）
贸易依存度	-4.79 (-1.41)	-4.79 (-1.41)	-0.17 (-0.64)	-0.17 (-0.64)	-1.44 (-0.51)	-1.44 (-0.51)	32.71 (1.54)	32.71 (1.54)
人均不变价格财政支出	1.03*** (14.62)	1.03*** (14.62)	1.67*** (13.91)	1.67*** (13.91)	0.35*** (2.93)	0.35*** (2.93)	0.1 (0.91)	0.1 (0.91)
换届第一年	—	-3 382.15*** (-4.22)	240.01*** (7.21)	—	—	-659.05*** (-3.23)	2 382.78*** (2.75)	—
换届第二年	542.05 (0.86)	—	—	-6.95 (-0.31)	604.29*** (3.34)	—	1 641.84*** (2.23)	—
换届第三年	3 729.73*** (4.86)	—	—	26.63 (1.22)	543.68*** (2.84)	—	3 314.42*** (4.29)	—
换届第四年	3 382.15*** (4.22)	—	3.87 (0.2)	—	659.05*** (3.23)	—	—	-728.89 (-0.52)
换届第五年	—	-3 109.92*** (-3.98)	58.45*** (2.77)	—	—	-158.42 (-1.1)	—	3 918.17** (2.56)

续表

变量	人均不变价格全社会固定资产投资							
	1978—2012年（1）	1978—2012年（2）	1978—1992年（1）	1978—1992年（2）	1993—2002年（1）	1993—2002年（2）	2003—2012年（1）	2003—2012年（2）
地域效应 时间效应	控制	控制	控制	控制	控制	控制	控制	控制
N	1034	1034	415	415	310	310	309	309
F	148.26***	148.26***	181.49***	181.49***	105.43***	105.43***	222.74***	222.74***
$AdjR^2$	0.86	0.86	0.91	0.91	0.87	0.87	0.93	0.93
Hausman检验结果	51.58***	116.38***	159.05***	203.28***	90.02***	341.2***	40.48***	105.48***

注：括号内为t值分布状况；*表示$p<10\%$，在10%置信度区间表现显著；**表示$p<5\%$，在5%置信度区间表现显著；***表示$p<1\%$，在1%置信度区间表现显著；基于篇幅考虑，本书没有报告地域虚拟变量和年份虚拟变量的数据结果，而仅以Control表明已控制年份和省域变量。

1978—1992 年模型、1993—2002 年模型和 2003—2012 年模型报告的结果同总体模型报告的计量分析结论具有一致性，即在一届政府五年任期之中，地方官员的政治换届任期，基本上存在前三年固定资产投资增长扩张，后两年固定资产投资增长衰减的趋势。对 16 000 名当代中国地方官员实际任期的进行统计进一步证实，“三上二下式倒 U 形”分布主要是由地方主官的实际任期分布和政治流动决定的。多数地方主官在第三年实现了政治流动，这就带来了官员任期对投资的周期性分布的影响和冲击。

自改革开放以来，在中国式制度激励下，地方官员在五年一届的政府任期中，其政治任期和投资增长两个变量形成了“三上二下式倒 U 形”分布的结构特征，构成了独特的中国政治商业周期分布。分阶段模型也得以证实，受外部政治、经济冲击的影响，倒 U 形分布在邓小平担任总书记、江泽民担任总书记和胡锦涛担任总书记的三个历史时期有了不同的结构表现特征，对应了三种分布结构。在这三个历史时期，三次外部政治、经济冲击分别对“三上二下式倒 U 形”分布形成了不同程度的扭曲作用，其中 1978—1992 年的“M 形”分布，受到 20 世纪 80 年代末的“政治风波事件”的影响；1993—2002 年的“S 形”分布，受到 1997—1998 年“东南亚金融危机”的冲击，特别值得一提的是，东南亚金融危机对中国政治商业周期的扭曲作用表现最为剧烈；2003—2012 年的“N 形”分布，则受到源自美国次贷危机的 2008 年国际经济危机的剧烈扭曲。整体看来，“M 形”分布、“S 形”分布和“N 形”分布是中国地方官员政治换届任期与全社会固定资产投资的周期关系结构特征的形成阶段，反映了中国政治商业周期的形成过程。经过这一过程的调整，中国宏观经济调控能力得到强化，宏观经济增长的稳定性得以提升。改革开放进程中形成的地方官员政治换届任期与投资增长的周期关系构成了中国模式的理论内涵。

此外，图4.1报告了1983—2012年全国、全社会固定资产投资年增长率的实际波动情况。三次外部政治、经济冲击的年份——1989年、1998年和2008年成为三个显著的转折年。从经验数据的波动拟合看，除1988—1992年和1997—2002年，全社会固定资产投资年增长率呈正U形分布外，其他政治周期中均呈倒U形分布，而且“三上二下式倒U形”特征表现日益显著。特别值得注意的是，经过20世纪90年代投资的“大起大落”后，投资年增长保持收敛。“三上二下式倒U形”分布在1983—1987年和2003—2007年的表现尤为突出。

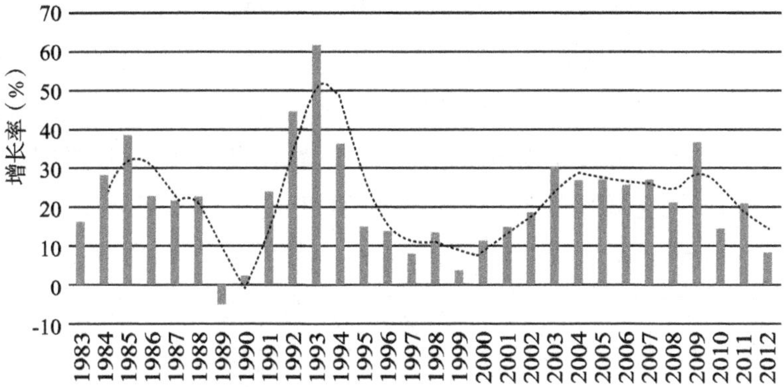

图4.1　全社会固定资产投资年增长率变动

数据来源：国家统计局官网。

值得注意的是，虽然1993—1997在面板模型中表现显著，但实际的全社会固定资产投资年增长率表现不显著，这主要是由当时的中央政府强力调控造成的。当时，邓小平南方讲话以及党的十三届四中全会的召开，把社会主义市场经济体制确定为中国经济体制改革的目标，地方政府掀起了“投资热”，同时也带来了严重的通胀压力，而在当时中央宏观调控机制尚未充分建立完善的情况下，朱镕基总理强令各地方政府压缩投资计划，实现经济“软着陆”。图4.1报告的全社会固定资产投资年增长率有效验证了面板模型呈现的“三上二下式倒U形”分布特征，模型拟合效果与中国政治商业周期的经验事实具有高度的吻合性：在五年一届的政府任期中，地方官员任期与全社会固定资产投资呈现显著的“三上二下式倒U形”分布特征，而这主要是由地方主官的政治流动，特别是实际任期所造成的。

4.3 稳健性检验

稳健性检验细致地报告了官员任期与投资增长的周期性关系及外部政治经济冲击。1978年到2012年的35年形成了七个完整的五年政治周期，特别是地方官员政治任期与投资增长呈现结构性分布特征。本书经过Hausman检验，在计量模型建构方法上仍选用双向固定效应模型进行观测值的拟合。尤其值得一提的是，模型稳健性检验的前提是对面板数据本身的平稳性进行检验，特别是对序列相关的检验。本书所用数据属高度平衡面板数据，经检验，数据结构不存在序列相关，面板数据质量稳健。

稳健性检验依次具体报告了七个五年政治周期的计量模型结果。表4.5所报告的计量分析结果详细展示了每个政治换届周期中，地方官员任期与人均不变价格固定资产投资的相关关系。翔实的稳健性检验进一步验证了地方官员政治任期与全社会固定资产投资之间“三上二下式倒U形”分布的稳定性。在这七次完整的政治周期中，除三次特殊的外部政治经济冲击所处的周期中倒U形分布不显著，在其他四次周期中，表现均显著。而这三次不显著的周期内部也存在深刻的差异。

表 4.5　七个五年政治换届周期固定效应模型结果

换届周期	换届 第一年	换届 第二年	换届 第三年	换届 第四年	换届 第五年	N	F	$AdjR^2$	Hausman 检验结果
1978— 1982年（1）	75.02*** （4.7）	48.70*** （4.06）	33.81*** （3.87）	—	—	123	22***	0.72	86.87***
1978— 1982年（2）	—	—	—	−21.27** （−2.59）	1.17 （0.1）	123	21.94***	0.69	39.88***
1983— 1987年（1）	41.31* （1.82）	37.60* （1.98）	52.92*** （3.97）	—	—	137	137.83***	0.93	120.4***
1983— 1987年（2）	—	—	—	−56.84*** （−4.69）	−65.00*** （−4.54）	137	151.89***	0.93	256.41***
1988— 1992年（1）	208.37*** （4.56）	52.83 （1.35）	10.82 （0.42）	—	—	145	35.58***	0.79	1234.05***
1988— 1992年（2）	—	—	—	−1.31 （−0.05）	106.55*** （2.75）	145	28.57***	0.73	163.7***
1993— 1997年（1）	32.20 （0.19）	252.81** （2.12）	262.58*** （3.14）	—	—	146	74.06***	0.89	330.33***

续表

换届周期	换届第一年	换届第二年	换届第三年	换届第四年	换届第五年	N	F	$AdjR^2$	检验结果
1993—1997年（2）	—	—	—	-270.61*** (-3.43)	-500.73*** (-5.23)	146	86.96***	0.89	62.32***
1998—2002年（1）	-81.76 (-0.79)	-111.24 (-1.26)	-138.56* (-1.91)	—	—	147	57.54***	0.86	97.92***
1998—2002年（2）	—	—	—	114.51* (1.66)	270.26*** (2.87)	147	66.56***	0.86	92.79***
2003—2007年（1）	494.44** (2.38)	307.53* (1.78)	260.24* (1.96)	—	—	143	88.47***	0.91	161.89***
2003—2007年（2）	—	—	—	-226.14* (-1.76)	-415.40** (-2.22)	143	97.36***	0.91	67.44***
2008—2012年（1）	7 716.13*** (3.12)	5 944.91*** (2.63)	3 948.24*** (2.79)	—	—	155	69.74***	0.86	26.68***
2008—2012年（2）	—	—	—	-4 250.72*** (-3.8)	6 325.88*** (3.94)	155	127.35***	0.91	21.78***

注：固定效应模型设定中已控制人口规模、人口平方、经济增长率、城镇化水平、贸易依存度和人均不变价格财政支出等控制变量对被解释变量有一定的影响，而本表仅报告官员政治任期换届的计量分析结果。括号内为 t 值分布结果；* 表示 $p<10\%$，在10%的置信度区间表现显著；** 表示 $p<5\%$，在5%的置信度区间表现显著；*** 表示 $p<1\%$，在1%的置信度区间表现显著。

这三次外部政治经济冲击所处的周期分别是 1988—1992 年、1998—2002 年和 2008—2012 年。其中 1988—1992 年发生的外部政治冲击对“三上二下式倒 U 形”分布的扭曲作用最弱。模型显示，前三年的系数均为正数，第四年为负数，其中第二年和第三年系数不显著，这意味着，地方政治任期与投资的周期性分布逻辑仍然存在，只是受外部政治冲击的影响，显著性下降了。而在当年的实际表现也确实如此，除北京市受到了较大的影响以及上海市受到轻微影响后迅速恢复平静之外，其他地方受到的影响和冲击并不特别突出，地方官员上项目、扩大投资的激励仍然是存在的。比较研究发现，在中国加入世界贸易组织之前的亚洲金融危机，对中国政治商业周期的扭曲作用最为激烈。在1998—2002 年，头三年的系数全部为负数，而后两年的系数全部为正数，后两年的数据统计上的相关性是显著的，“三上二下式倒 U 形”分布被直接扭曲为“三下二上正 U 形”分布。而在 2008—2012 年期间，仅 2012 年的系数由负数变为正数，这意味着原本应该在 2012 年显著下降的全社会固定资产却在外力作用下显著上升了。

同样是受到外部经济冲击，但 1998—2002 年和 2008—2012 年却表现出了显著性差异。之所以如此，根源于中共中央政府采取了差异性的干预政策，对两次全球经济危机冲击的应对思路存在根本性差异，这必然导致两个周期性呈现出巨大的分布差异。朱镕基总理强令各地方政府压缩投资规模和通胀水平，实现了中国经济“软着陆”，而后按照市场化改革的思路，推进住房、教育、医疗的市场化改革，扩大内需以应对 1997—1998 年亚洲金融危机的冲击。事实上，亚洲金融危机对中国政治商业周期的冲击表现最为剧烈，官员任期与投资增长的“倒 U 形”分布在其冲击下几乎被逆转为“正 U 形”分布，随着市场化改革的刺激，中国经济经过短暂调整，迅速回归正常轨迹。面对 2008 年全球金融危机，得益于中央政府宏观调控“一揽子工具”的充裕以及前期预留的投资空间，温家宝总理倡议了政府直接投资刺激的干预政策，中共中央政府追加了四万亿规模的固定资产投资，稳定了市场情绪，为社会投资注入了信心，这进一步强化了“倒 U 形”分布，2012 年，在模型拟合中原本应该显著减少的人均不变价格全社会固定资产投资，也表现出显著性增加状态。

根据稳定性检验的计量结果报告，扣除外部冲击的影响，在中国式分权的制度激励下，地方官员政治换届任期和全社会固定资产投资呈现出显著性的“三上二下式倒 U 形”分布。自改革开放以来，在五年一届的政府任期中，中国地方官员任期与全社会固定资产投资二者之间存在显著的“三上二下倒 U 形”关系特征，而且这种显著的关系特征几乎存在于每一个五年任期之中。这种显著的关系特征表现出的“三上二下倒 U 形”的特征，即在五年任期中，前三年投资增长率快速拉升，后两年投资增长率逐渐回落，同地方官员的实际任期紧密关联。同样是激烈的外部冲击。对于地方官员任期与投资增长的“三上二下式倒 U 形”分布来说，外部经济危机的冲击力量更剧烈，而且中央政府面对国际经济危机采取的差异性应对政策，特别是刺激扩大内需和加强政府投资稳定市场信心，对这套机制具有十分显著的差异化影响。

大量对中国模式和中国经济奇迹的研究逐渐关注到了政治激励对经济增长的促进作用，但究竟其过程机制是什么？目前的研究还很薄弱。基于 1978—2012 年中国省级面板数据进行分析，笔者认为，地方官员政治换届任期同人均不变价格全社会固定资产投资呈现出显著的“三上二下式倒 U 形”分布结构特征，这一结构性分布特征的形成主要是由地方官员的政治流动，特别是实际任期决定的。中国全社会固定资产投资实际年增长率数据进一步验证了这一周期性关系的存在，这有助于填补这一领域的研究空白。本书还通过多数据来源进一步验证“三上二下式倒 U 形”分布的结构特征，并通过扎实的田野调查，深入地方政府乃至基层政府，对官员投资行为和微观激励进行分析，以探究“三上二下式倒 U 形”分布结构特征的微观形成机制。

第5章 中国地方官员五年任期的制度安排与实际任期分布

任期制取代世袭制及终身制是现代民主政治发展的起点。专制和民主的政治制度的核心区别在于权力的来源与分配，相对应的权力配置方式分别是世袭制及终身制和任期制。自英国光荣革命的以来，全球民主政治经历了四波民主化过程。亨廷顿（1998）指出，第三波民主化浪潮始于1974年，民主政权又增加了30个，而到1991年出版《第三波：20世纪后期的民主化浪潮》时，世界还在经历东欧巨变以及非洲一些地方的政治革命。第四波民主化缘起于东欧剧变，后来在东欧、中东北非、亚洲地区相继爆发了“颜色革命”，民主转型再次成为热题。

这四波民主化进程中，各国转型的方式不一而足，但结果近乎一致，即民选政治取代世袭专制，并建立了任期制。中国民主化进程在加速，以基层群众自治和官员政治任期制为代表，中国民主化转型越来越得到国际认可。相关党规和法律文件相继出台，确立了干部任期制。

5.1　任期制的由来与历史沿革

5.1.1　地方官员三年任期的历史沿革

官员任期制是中国古代官制的重要内容。据《尚书·尧典》记载，“三载考绩，三考黜陟幽明，庶绩咸熙。”自秦汉以来，任期制有一个逐步摸索、形成的过程。西汉时曾实行久任制，特别是在汉宣武帝时最突出，汉宣帝驭官有术，极大改善了吏治风气，史称“中兴”。但到西汉后期，官吏久任制受到破坏，吏治混乱，“吏或居官数月而退，送故迎新，交错道路。”到东汉后期，官员任期过短，甚至成为“害民之政”“转动无常、轻忽去就”，政风急剧恶化。魏晋南北朝时期，任期制由长缩短。西晋之际，地方官员任期规定为六年；到南北朝时，地方官员任期由六年改为三年。北周时对官员实行“每岁一考，四年黜陟”的制度。南北朝时对地方官员实行考课制度，任期年限缩短，表明中央政府对地方官员的管理权加强，这主要是源自对地方叛乱势力的防控。

隋唐以后，官员任期制度逐步完善，特别是考任制逐渐成熟。隋朝实现大一统后，为了防止地方割据势力，规定九品以上地方官员全部由中央吏部考察任命，且郡县级官员实行定期移任制。隋朝官员任期稳定在三四年，《隋书·高祖纪》记载，“刺史、县令，三年一迁，佐官四年一迁。”唐承隋制，官员任期随官职差异而变化，但多集中分布在三五年。《唐会要·丞簿尉》记载，唐代宗时期，“诸州县令既以四考为限，如无替者，宜至五考后停。”随着地方藩镇割据，州县级官员多自行辟署，中央政府难以控制。《全唐文》记载，唐穆宗时，“念彼外方，或从卑官，一家所给，三载言归。”此后，地方官员三年任期得以固定。

到宋代，一任三年的官制得以成熟。但宋代地方官员与京城官员交换频繁，“一年一考核、三年一升迁”成为常态。明朝初期，曾坚持九年任期制度，后来任期逐渐缩短。明朝嘉靖到万历年间，地方县令平均任期已经缩至三年。清朝继承明代地方官员三年一考核的制度，《钦定大清会典》记载，“凡天下文官三载考绩，以定黜陟。”但因为实际执行过程中存在多种复杂情况，官员任期难以得到充分保证。

宋朝央地官员任期制度表现十分典型。王瑞（2010）研究了北宋时期宰相的任期，发现北宋时期宰相的任期大多数在三年之内。宋朝地方官员的名义任期是三年，但实际任期不足。苗书梅（1991）指出，南宋时期地方官员任期缩短至两年，实际执行中比北宋末年的换易速度还要快，地方长官任期太短成为当时的政治弊病。王安石对此大加批评和改革。同时，由于知州、通判和知县等主要州县官员的任期多则二三年，少则几个月，对当地风土人情和狱讼案件等了解不足，无力熟悉，州县知事只好听任熟悉本地情况的胥吏摆布，这也促使了“吏强官弱”的兴起，对明清以后的地方政府影响尤为深远。

清朝地方官员任期安排可谓“集大成”。刘鹏九、王家恒和余诺奇（1995）认为，清朝县级官员的任期同其他地方官员一样实行限任制，三年一任，县级官员任满酌情予以升、迁、调、补；百姓可以请求连任，为使连任官员不致因连任而失去应升的级别和俸禄，可在原职上加级或改衔。据民国《内乡县志·职官》记载，在清代内乡县历任县官113人中，除连任、临时升用、卒于官职和丁忧等特殊情况，平均任期为2.5年，基本与规定的三年任期吻合。当然，就清朝整体而言，州县级官员平均任期也有一定变化，且不断缩水。在急剧的官员任期缩短中，吏胥和幕宾等掌握当地理人治事的实权人物的地位更重要。吴仁安（1986）指出，清朝不论是科举入仕还是捐纳成官的，在其正式出任州县级官员之前，均不懂法制条律，清朝实际指挥州县级官员办事者，却是熟读清律又深知“事例”的法制专家幕宾和吏胥，这也有了“与吏胥共天下”的说法。此外，晚清之际，各省督抚在州县任职中的权力越来越大。

5.1.2 地方官员五年任期制的制度安排

马克思的国家理论要求建立任期制。第一个共产党是由马克思和恩格斯领导创立的，当时就规定了领导人的任期限制。[①] 十月革命后，列宁不主张实行终身制，并认为领导人55岁就要退下来。赫鲁晓夫在苏共二十二大上倡议建立干部更新制，苏共二十二大通过党章规定：中央领导一般最多只能连续当选三届。社会主义国家建立和发展中也普遍探索实行任期制。中华人民共和国成立之后就确立了干部任期制。但在当时的革命热情驱动下，相关法律章程没有被严格执行。随着改革开放进程启动，建立完善干部任期制提上了国家政治议程。

干部任期制度是对终身制的改革。1980年，邓小平作《党和国家领导制度的改革》讲话，针对领导干部职务终身制的改革产生了干部任期制，并建立和完善了离退休制度。中国共产党第十二次全国代表大会上的政治报告与1982年颁布的《中华人民共和国宪法》都规定了领导干部职务任期制，每届任期五年，连续任

---

① 共产主义者同盟是第一个共产党组织，成立于1847年6月，当时，马克思是中央委员，1848年3月担任同盟主席；1864年9月第一国际建立后，马克思任总委员会委员，未担任主席和总书记职务。

职不得超过两届。党的十三大以后，邓小平仍然挂念“还没有能够实现的，就是废除领导职务终身制”①。后来陆续出台了多项关于干部任期制的政策法规。20 世纪 90 年代末，中共中央组织部组成专门课题组，开展专项课题研究。2002 年党的十六大报告第一次在党的工作报告中对干部任期制做了规定。从制度层面看，中国官员的任期规定十分明确。

干部任期制由此得以确立。2007 年党的十七大报告、2009 年中共中央组织部印发的《关于严格执行干部职务任期规定保持干部在法定任期内稳定》的通知、2013 年发布的《中央党内法规制定工作五年规划纲要（2013—2017 年）》、2014 年中共中央办公厅印发的《关于加强乡镇干部队伍建设的若干意见》等都对干部任期制进行了进一步的优化和完善，并补充了相关政策。

此外，《中国共产党党章》对党组织各级委员会的任期都做了规定。其中，党的中央委员会每届任期为五年，党的全国代表大会每五年举行一次；各省、市级委员会和代表大会，每届任期同样是五年；各县级委员会，每届任期也是五年；而党的基层委员会每届任期三年至五年，党总支委、党支部会每届任期为两年或三年。

5.1.3 村（居）委会的三年任期

值得注意的是，对干部任期制的规定存在一些内部矛盾和冲突之处，尤其是对乡镇干部任期表现最突出。乡镇属于完整的一级地方政府，按照《中华人民共和国宪法》和《中华人民共和国

① 1987 年 1 月十三届一中全会上，中共中央政治局常务委员会提出，邓小平作为党和国家重大问题的决策人，在重大关头仍需要他掌舵，反对邓小平退休。参见邓小平文选：第 3 卷．北京：人民出版社，1993：295。

地方各级人民代表大会地方各级人民政府组织法》的规定，乡镇干部任期应该是五年；但若根据《中国共产党章程》规定，作为党的基层委员会，任期为三年至五年。这就造成了各地在执行上的巨大差异，有的地方把乡（科）级任期统一为五年，有的地方规定为三年。

实际操作中，乡（科）级领导真实任期往往不到两年。叶盛楠（2009）对内蒙古自治区 S 县 1984—2008 年中乡镇党委书记任期状况进行了调研：2006 年后内蒙古自治区规定乡镇干部任期与市、县（区）干部保持一致，从三年调整为五年，相应地，在 2006 年 3 月至 2008 年 6 月，这一比重又回调为 56%。

与之紧密关联的是村（居）委会的任期安排。根据现行的《中华人民共和国村民委员会组织法》和《中华人民共和国城市居民委员会组织法》的规定，村（居）委会干部任期是三年，每三年进行一次村（居）委员会换届选举，村（居）委员会干部可以连选、连任。同时根据《中国共产党章程》规定，党的基层委员会中，总支部委员会、支部委员会每届任期为两年或三年。在实际执行中，村党委会任期一般是三年。由此，村（居）“两委会”皆是三年一届。

这三年任期如何度过呢？刘立昭（2014）对山西省河曲县岱狱殿村进行了细致的田野考察。该村村主任李建伟在任期第一年通过查账和走访等方式逐渐熟悉村里情况，第二年扎实干工作，成效显著，第三年是换届选举年，准备换届选举。每一届村领导对于村庄发展都有一个长期规划，但实际上村干部在三年任期中做事时间很有限，这不利于规划落实，同时，过短的任期会给干部带来心理负担。

延长村（居）委会干部任期的呼声越来越高。程体才（2003）

认为，15 年要开展 8 次换届选举，增加了基层财政负担，也耗费了基层干部大量时间和精力，因此，他主张村民委员会延长为 4 年。李小群（2004）认为村民委员会每届任期为 3 年，不利于村民自治，建议由 3 年延长为 5 年。① 但是过长的任期似乎也容易带来涉农职务犯罪，村委会负责人长期任职诱发职务犯罪并引发群体性矛盾事件现象也会凸显。②

5.2 地方官员的实际任期：五年中的三年

5.2.1 地方各级官员的实际任期分布状况

在每一届五年政府任期中，地方政府官员政治任期与投资增长之所以存在“三上二下式倒 U 形”分布，根源是否在于地方官员的实际任期呢？

根据制度规定，虽然地方各级党政主官的名义任期是五年，但实际任期大多是三年，多数地方主官调整的时点集中于第三年。当然地方干部政治任期也存在深刻的内部差异，这主要体现在两个方面：其一，行政层级，地方政府是相对于中央政府而言的笼统概念，具体包括了省级、地市级、县区级和乡科级共计四级，而这四级主要党政领导的任期存在巨大的差异，基本上呈现级别越高，实际任期越长的特点，但即便是省级领导，其实际任期也往往不满一届；其二，党政干部任期差异，一般而言，各级党委

① 代表．村委会任期三年过短，易生腐败［EB/OL］．观察者网．2016－03－09［2016－04－20］．http：//news.ifeng.com/a/20160309/47753587_0.shtml.

② 陈文军．建议“村官”连任不超过两届［N/OL］．江门日报，2013－01－29［2013－12－25］．http：//rd.jiangmen.gov.cn/content/2013－01/29/content_1767946.htm.

书记实际任期通常长于政府行政首长，这是由中国党领导一切的政治体制决定的，党委书记在一届党委委员会中扮演着突出角色，在政治换届中更要受到比政府行政首长更加严格的党纪和法律约束。

目前已有研究注意到了地方主要党政领导干部的实际任期问题。

（1）省级主官实际任期。Li 和 Zhou（2005）整理了 1979—2002 年 187 位省级党委书记和 157 位省级行政首长，其平均任期是 3.12 年；徐现祥和王贤彬（2010）统计了 1978—2006 年 239 位省级行政首长和 197 位省级党委书记的任期，省级行政首长的平均任期是 3 年，而省级党委书记的平均任期是 4 年。

（2）市级主官实际任期。刘佳、吴建南和马亮（2012）整理了 2003—2008 年全国 3035 个市长和市委书记任期数据，平均任期是 2.58 年；褚朝新（2013）研究了 286 位市委书记，任期在五年及以下者有 200 人，占比 70.4%，任期在五年以上者有 84 人，占比 29.6%。[①]

（3）县级主官实际任期。罗中枢和王卓（2013）对 2011 年全国 446 位县级主要领导的任期统计发现，县级主要领导任现职时间平均 3.25 年，其中 61.2% 的任现职 3 年及以下，71.8% 的任现职时间在 4 年及以下，任职 5 年以上的仅有 14.5%。

（4）乡科级主官实际任期。叶盛楠（2009）对内蒙古自治区 S 县 1984—2008 年乡镇党委书记任期状况进行了深度调研：2006 年后内蒙古自治区规定乡镇干部任期与市、县（区）干部保持一致，从 3 年调整为 5 年，相应地，在 2006 年 3 月至 2008 年 6 月，这一比重又回调为 56%。湖南省某市 9 个区县乡镇班子在不到三年中，

---

① （佚名）. 铁打的岗位　流水的书记：任期制未必能有效遏制政府腐败［N/OL］. 南方周末，2013－12－20［2014－02－21］. http://news.ifeng.com/opinion/gundong/detail_2013_12/20/32341316_0.shtml.

在2 283 名正、副职中，一届未满就变动了1 426 人，占62.5%。①

耿曙、庞保庆和钟灵娜（2016）具体整理了官员的政治任期分布，如表5.1 所示。特别值得指出的是，庞保庆和耿曙（2016）更新了中国省、市、县三级官员的实际任期数据库。就省级主官而言，省长的平均任期为4.32 年，变异系数为47%；省委书记的平均任期为4.77 年，变异系数为57%。就地市级主官而言，市长的平均任期为3.21 年，变异系数为41%；市委书记的平均任期为3.6 年，变异系数为48%。就县级主官而言，县委书记的平均任期为3.53 年，变异系数为51%。越接近基层，官员流动越快，人事调整越频繁。

表5.1　中国地方干部实际任期分布　　单位：人

		任期1年	任期2年	任期3年	任期4年	任期5年	任期6年	任期7年	任期8年	平均值（年）	标准差	变异系数
省级	书记	8 7%	16 14%	19 17%	18 16%	16 14%	8 7%	10 9%	18 16%	4.77	2.74	57%
	省长	8 7%	14 12%	21 18%	25 21%	21 18%	16 13%	6 5%	8 7%	4.32	2.05	47%
地市级	书记	100 10%	160 16%	284 29%	162 17%	141 14%	67 9%	41 4%	26 3%	3.6	1.74	48%
	市长	119 11%	240 23%	317 30%	191 18%	118 11%	43 4%	15 1%	16 2%	3.21	1.52	47%
县级	书记	31 14%	45 20%	44 19%	36 16%	39 17%	14 6%	13 6%	4 2%	3.53	1.81	51%
	县长	27 11%	56 24%	55 23%	42 18%	40 17%	10 4%	4 2%	4 2%	3.34	1.62	49%

注：省级领导数据涵盖了1994—2010 年，市级领导数据涵盖了2000—2010 年，县级领导书记仅涵盖江苏省1998—2010 年。

① 沈小平．用制度遏制干部职务变动频繁［J/OL］．瞭望，2014－05－09［2015－07－26］．http：//lw.xinhuanet.com/06－20/20－32.htm.

从表 5.1 中的标准差来看，①书记的真实任期差异性高于行政首长，这意味着在党委领导的体制下，书记这一角色面临更多任职和晋升方面的复杂性，相对而言，行政首长则较明晰；②从省、市、县三级政府书记和行政首长的差异性变化看，行政级别越高，其任期的差异性越高，干部的人事管理越复杂，而越接近基层，官员任期的差异性越低，干部流动规律更明确和稳健，人事管理相对而言更确定；③市级的书记和行政首长的标准差最小，一个可能的解释是规模大小的差异。虽然在行政级别上市级高于县级，但在城市数量上，截至 2015 年年底，市级行政区划有 334 个，而县级行政区划有 2 850 个，市级行政区划规模约是县级行政区划的 1/10。市委书记的平均任期是 3.98 年，市长平均任期是 3.45 年，相对于省级的县级而言，这一任期的内部差异性最小、最为稳健。

中国地方官员实际任期究竟如何分布？在现行干部选拔制度的作用下，地方政府的党政干部的实际任期已经由任期制规定的五年缩短为三年。表 5.2 报告了当代中国地方政府党政干部实际任期分布情况，多数地方主官的实际任期均为三年，其中包括 23% 的省委书记、24.4% 的省长、22.8% 的市长、22.8% 的县/区委书记和 23.9% 的县/区长。就市委书记而言，20.2% 的市委书记的实际任期为四年，实际任期为两年和三年的市委书记占比为 18.8% 。就中国地方政府党政干部的实际任期而言，278 名省委书记的实际任期均值为 53.7 个月（约 4.5 年），320 名省长的实际任期均值为 46.9 个月（约 4 年），3 156 名市委书记的实际任期均值为 43.3 个月（约 3.6 年），3 321 名市长的实际任期均值为 39.4 个月（约 3.28 年），2 519 名县/区委书记的实际任期均值为 42.4 个月（约 3.5 年），3 321 名县/区长的实际任期均值为 38.8 个月（约 3.23 年）。其中县级主官的实际任期均值分别小于市级主官，之所以县级主官的实际任期接近市级主官，主要是受限于县级主官履历的可获得性，致使目前该数据库中县级主官的编码数量有限。随着县级主官履历编码数量的扩大，县级主官实际任期均值与市级主官实际任期均值的差距将会进一步扩大。

表 5.2　当代中国地方党政干部实际任期统计：1978—2018 年

单位：人

任期	省级		地市级		县区级	
	书记	省长	书记	市长	书记	县长
第 1 年	9 （3.2%）	6 （1.9%）	180 （5.7%）	251 （7.7%）	123 （4.9%）	255 （7.7%）
第 2 年	26 （9.4%）	48 （15%）	592 （18.8%）	678 （20.4%）	356 （14.1%）	564 （17%）
第 3 年	64 （23%）	78 （24.4%）	594 （18.8%）	759 （22.8%）	573 （22.8%）	794 （23.9%）
第 4 年	40 （14.4%）	62 （19.3%）	639 （20.2%）	649 （19.6%）	564 （22.4%）	724 （21.8%）
第 5 年	43 （15.5%）	47 （14.7%）	503 （16%）	502 （15.1%）	477 （18.9%）	593 （17.8%）
第 6 年	35 （12.6%）	39 （12.2%）	284 （9%）	240 （7.2%）	257 （10.2%）	250 （7.6%）
第 7 年	14 （5%）	12 （3.8%）	192 （6.1%）	125 （3.3%）	104 （4.1%）	81 （2.4%）
第 8 年	21 （7.5%）	10 （3.1%）	80 （2.7%）	65 （1.9%）	37 （1.5%）	32 （1%）
第 9 年	14 （5%）	7 （2.2%）	57 （1.8%）	27 （0.8%）	15 （0.6%）	17 （0.5%）
第 10 年	5 （1.8%）	6 （1.8%）	23 （0.7%）	13 （0.4%）	6 （0.2%）	6 （0.2%）
第 11 年及其他	7 （2.5%）	5 （1.6%）	12 （0.4%）	12 （0.4%）	7 （0.3%）	5 （0.2%）

续表

省级	省级		地市级		县区级	
	书记	省长	书记	市长	书记	县长
均值	53.7	46.9	43.3	39.4	42.4	38.8
标准差	29.7	25.7	23.3	21.7	19.9	19.3
N	278	320	3 156	3 321	2 519	3 321

资料来源：根据笔者自制的《当代中国地方官员数据库：1978—2018》整理而成。

固定任期制是制度化的任期制度。中国法律和体制规定，中国官员名义上每届任期是五年，这意味着在官员不犯错误的情况下，即便平庸无能，也可以有五年的任职期限。对于追求政治晋升的官员而言，在这五年任期内必须要积极有所作为，赢得上级领导们的认可和支持，才能在“下管一级”的体制下脱颖而出。因而在固定的任职期限内，考核调职节点明确，官员的“作为”受到有效制度保护。因此，理性的行为选择是，一旦确知换届时间，便在此前积极做好准备，并在考核节点达到政绩高点，扩大续任或晋升的机会。而根据中国的体制，党代会和两会之际恰是密集的人事调整期，因此要在任职的第四年之前达到政绩高点。但考虑到中国地方官员的实际任期平均是3年，因此政绩高点基本在任职的第三年或第四年。本书的实证结果也恰恰证明了这一点。

考虑到中国地方官员实际任期的巨大内部差异，根据其任期长短基本上存在两种情况。第一种情况，干部任期3年或以下，届中调整，在这种情况下，多数市县领导在有限的任期内“积极作为”，拉动投资快速增长；第二种情况，干部任期超过3年，且接近完整的一届任期，在这种情况下，干部任期头3年投资快速增加，后两年投资增速放缓。在第4年，由于防通胀压力加大，为经济降温成为重要的约束，官员会主动缩减投资规模；在第5年，面临政治换届，政治年的稳定是“总基调”，同时也不愿意加重后任领导的负担，现任领导也会特别注意放缓固定资产投资的节奏，这就造成固定资产投资增长率的大幅跌落。

党代会和人代会是人事调整的关键时机。从中国的体制看，各省的省委书记和省长的人事变更同党代会和人代会密切关联；而市县乡的人事调整则依据中央和省的换届变更展开。中央委员会可以对省委书记进行调动，而省长的任命则采取提名制，须经人民代表大会表决通过。中国政治体制的根本是中国共产党领导下的政府开展工作，全国党代会是人事调动的关键。自1970年开始，逐渐形成了稳定的机制：全国党代会每五年召开一次；自1978年以来，每届政府的全国人民代表大会也每五年召开一次。这就形成了稳定的制度性政治周期。

大量经验研究证实了全国党代会和每届政府全国人民代表大会的重要影响。王达梅（2007）指出，政府换届影响经济周期波动，既产生了正面效应，又有负面效应，且其作用机制以不同形式展现出来。梅冬州、王子健和雷文妮（2014）基于1978—2008年中国省级面板数据，探究了党代会周期。罗党论和佘国满（2015）证实，地方官员变更与城投债发行概率和发行规模两者之间存在密切的周期关系，周期近似正U形分布。

肖洁、龚六堂和张庆华（2015）从经济绩效和清明廉洁两个视角研究了中国省级政府财政支出的政治周期及其激励机制，利用1990—2010年的数据进行实证检验。结果表明，在全国党代会年份，省级财政支出增长有较明显的下降，其中行政事业费增长率增加，基本建设支出增长率减少，这主要是因为省级官员的升迁与其政绩挂钩，财政支出一方面可以为官员带来经济政绩，另一方面有可能增加贪腐机会使官员犯错。因此，全国党代会召开前，地方官员会增加支出发展经济，而当全国党代会召开时，地方官员会倾向于减少支出，从而减少贪腐的可能性。余静雯、肖洁和龚六堂（2015）基于1999—2011年中国281个地级市土地出让面板数据进行实证分析，发现土地出让具有随省级党代会的召开时间而变化的政治周期性。具体表现为，党代会召开前一年，土地出让面积下降约8.7%。

政治流动是有效内生激励。中国各级官员的名义任期是五年，但激烈的竞争压力却加快了其政治流动，致使其真实任期缩短为三年。中国官员往往在新任岗位的前三年启动各类发展项目，特别是以基建投资营建新城，以低成本招商引资、兴建工业园和产业园，进而谋求政治晋升。

5.2.2　中国地方官员的横向流动与纵向流动

干部流动分为横向流动和纵向流动。纵向流动即升迁，实现政治晋升是干部极大的内生激励。目前对政治晋升的研究基本上可以分为两类，一类是将其作为因变量，即解释官员晋升的影响因素。具体又包括三种情况，一是特征说，如林挺进（2007）对“干部四化”的研究，即具备某些特征，如年轻、高学历或“无知少女”[①] 等特征的干部更容易获得晋升优势；二是关系说，如“网络关系指数”（Opper和Brehm，2007）、中央常务委员会委员共事经历（Jia等，2013）、基层的家族—姻亲网络（冯军旗，2010）等，强调特殊的关系在干部晋升方面的独特优势；三是能力说，如标尺赛（Maskin等，2000）、锦标赛（周黎安，2004）和资格赛

① 即对无党派、知识分子、少数民族和女性的简称。

（杨其静和郑楠，2013），强调经济绩效对干部晋升的显著影响。另一类就是将其作为自变量，即干部晋升会对哪些变量产生显著性影响，常见的此类变量如经济增长（张军等，2007；王贤彬、徐现祥，2008）、财税增长（曹广忠、袁飞和陶然，2007；陶然、袁飞和曹广忠，2007）、区域发展差异（田伟、田红云，2009）、土地财政（刘佳、吴建南和马亮，2012）、服务型政府转型（姚金伟、孟庆国，2014）、银行信贷（纪志宏、周黎安等，2014）和政策创新（2010）等。实际上，对于地方官员而言，官员纵向流动是少数，更多的是横向流动，即平级调动或者交流历练等；从微观视角看，特别是考察干部的仕途经历，绝大多数的调动并不是纵向的升迁调动，更多的是横向的同级流动。

顾闻（2015）研究了中央委员的横向流动，特别倾向于选拔拥有地方治理经验的干部作为中央委员。地方的正部级经验已经成为担任党和国家领导人的必要条件，从第十二届全国人民代表大会以来的中央委员和政治局委员的结构构成看，具有地方正部级流动经验的人数在逐步增多。干部横向流动是国家培养干部的重要途径。干部流动源自“干部四化”① 建设。

异地交流及干部回避制度由来已久。为了使官员们少受人际关系的羁绊，逐渐形成了完备的干部回避和交流制度。因此形成了“三百里内不为官”“五百里内不为官”“千里内不为官”，以及“南人北官，北人南官”等规定。在明朝，朱元璋提出“定南北变调用人”。中华人民共和国成立后，1962 年中共中央颁布《关于有计划有步骤地交流各级党政主要领导干部的决定》，干部定期交流制度很好地贯彻了中央领导的战略思维，通过人事安排的调

① 即革命化、年轻化、知识化、专业化。

动实现政策的变更。改革开放以后，适应以“经济发展”为中心的工作，有效实现了政治精英的有序更迭，确保了改革开放政策的贯彻执行。干部交流是一项重要的培养干部和历练干部的手段。对此，《中华人民共和国公务员法》也做了详细规定。

干部回避和异地交流制度能够规避地方政府“铁板一块”“搞独立王国”等问题，但是也带来了新的问题，特别是官员行为的短期化。大量研究证实，地方领导干部的平均任期为3年，省级的平均任期接近3.5年，县一级的平均任期接近2.4年，均低于法定的5年任期。外调的干部主导了地方发展的决策大权，本地官员在执行环节则拥有更多的自主权，也对“一把手”形成一定的制约，但基层群众的诉求在目前的体制下很难被充分纳入外调干部的考虑当中。对于异地任职的干部而言，如果不能对当地形成很强的归属感或融入感，就会缺少“干不好对不起家乡父老”的责任感和压力，也较少关注对本地发展具有长远意义的举措，更关注“短平快”的项目。

周雪光（2016）集中关注了官员的空间流动问题。他基于1990—2008年扬州和泰州地区近20年的县市官员流动研究发现，县市各机构主要官员群体跨行政区域（纵向流动往往意味着晋升）的流动率只有1%～5%；但行政区域内部（横向流动）的流动率却很高，差异数倍以上，同级的扬州和泰州之间也有着较高的流动率；这种流动率基本上3年一次。此外，各级政府机构中还有大量的办事人员，他们流动性很低，大多数人会在这一层级的行政区域内度过整个职业生涯。此外，行政层级级别越高，获得流动的机会越多。

刘欣（2014）细致研究了广州市H区2008—2012年的领导职

务公务员[①]的横向流动情况。厅级领导横向流动率稳定在5%～8.5%，处级干部横向流动率在2.6%～30.4%之间剧烈波动，科级领导横向流动率在3.6%～11.8%之间波动；而这些横向流动的科级以上领导基本上都是在辖区内实现了横向交流，与同级的区交流少，除非是提拔外调出去或者从别区外调进来；其中科级干部交流方式主要是区内单位交流或者单位内部交流；值得注意的是，从科级到处级，再到厅级领导，其跨区流动的概率存在显著差异，厅级领导调入区内或者调出区外的流动率在2.9%～17%波动，处级领导这一概率是0.3%～1.3%，而科级干部则是0；这也意味着，级别越高的领导越容易获得跨区流动。

郑义（2009）进一步深入考察了基层公务员内部横向流动问题。他具体考察了2008年安徽合肥市直机关1 632名基层公务员和2001—2007年上海某区县基层公务员的内部横向流动情况。2008年5月，合肥市82个市直部门1 632名基层公务员交流轮岗，占到了市直机关科级以下公务员总数的25.8%，一时开全国基层公务员横向交流的风气之先。超过90%的公务员认为交流轮岗很有必要，能够在新环境打破关系网的“掣肘”，破除“一岗定终身”的窘境。2001—2007年上海某区县的基层公务员横向流动率约为2%，对1 600份基层公务员跨部门交流调查问卷显示，56.3%的受调查者愿意参加横向交流，在不愿意参加跨部门交流的受调查者中，原单位为检察院和法院的占到了79.3%。之所以合肥市基层公务员横向流动的意愿更高，是因为市委书记“实打实、动真格”的态度，基层公务员普遍交流多。

---

① 根据作者的概念界定，具体指科级、处级和厅级领导。

5.2.3　中国党政干部成长历练与西方政治—行政二分的差异比较

中西方的干部成长路径存在深刻的差异。这根源于中西方对于“政治—行政”关系的不同理解。西方的文官制度从确立之初就确立了“政治—行政”二分的原则，政务官和事务官有着不同的成长和选拔路径，政务官依靠民主选举产生，而事务官则走专业化和职业化的技术路径。韦伯（1900）提出了“官僚制模型”，强调层级节制体系和部门结构的非人格化特征。

英美文官制度都是坚持“政治—行政”二分。美国1883年颁布《彭德尔顿法》，确立了现代文官制度。英国最早确立了现代文官制度，英国事务官按相关法律规定应保持政治中立，英国对公务员流动有着更加细致的规定，如交流的岗位与其居住地距离不能太远，应为当天内能够到达。英国的公务员从内阁部和执行机构之间的调动，都要遵循法定程序，其他借调或者到欧盟的交流也要遵照严格的程序和条件。

中国“政治—行政”实际上是融为一体的。中国历史上建立了严密的官僚体系，是以政治为根本和中心，形式上的职能分工都是为政治服务的，行政官员也可以晋升为政治官员，更确切地说，行政官和政治官之间的轮换和历练是干部成长的必修课。这一传统延续至今。中国共产党特别重视干部人才培养，这关系到政治传承。根据党管干部原则，来自党口、政府、企事业单位，东中西部地区等达到一定的层级或者标准后都能相互轮调，以增加多岗位、多地区的干部轮换和交流经历，丰富岗位历练。就地方官员而言，政府的行政首长和党委书记都是按照统一的干部成长路径历练，一般从行政首长更换为党委书记，虽然行政级别一样，但普遍被认为是晋升。

人事是政治的核心，组织提名尤为重要。《党政领导干部选拔任用工作条例》是目前中国组织人事制度的依据。该条例于2002年7月9日颁布实施，共计十三章七十一条。该条例于2013年12月30日进行了修订，特别是从严把握破格提拔；2014年1月，中共中央印发该条例，并发出通知，要求各地区各部门结合实际认真遵照执行。严格落实“党管干部”原则，在这看起来庞杂的程序下，事实上隐含着一个基本的逻辑程序，即“提名—考察—任命”。由此，组织提名成为干部晋升关键中的关键。

增强提名程序的透明度一直是组织人事工作的重点。现行提名方法主要是领导个人提名、组织提名、群众提名、个人提名四种形式。第一，领导推荐。这种推荐方式源自中国历史传统中的乡举里选、察举制和九品中正制，与儒家传统文化中的“贤能政治”相契合，也突出了党的领导的优先地位。上级主管领导等提名者往往选择能贯彻自己政策主张或意志的执行者或继任者。这也是地方干部热衷政绩赢得上级领导认可的根源。第二，会议或组织推荐。从制度设计上，这体现了民主集中制，一般会议参与者，如书记、副书记、常委等均按照一人一票的原则，在表决权上占同样比重。第三，群众推荐。依据票决结果，提名干部人选。这是党内民主带动人民民主的必然要求，伴随着政治民主化的加强，普通党员、干部群众提名的方式会日益得到加强。第四，自我推荐。这种形式一般不单独出现，即便出现也需要完备的组织程序做配套。

依据党管干部原则，在组织提名程序中，当前最盛行的是领导推荐以及会议或组织推荐。这也决定了地方领导招商引资，“拉投资、上项目”，促进经济发展的政治激励所在。投资很好地检验了地方官员的真实任期。模型清晰地报告出在五年的名义任期中，全社会固定资产投资有三年处于较快增长，而另两年则处于回落；当然，由于每个时期央—地关系的制度环境都处于微调当中，加之外部冲击的影响，此外，还有地方差异情况的影响，具体这三年的全社会固定资产投资分布呈现出较大的差异。考虑到具体的投资开发程序，特别是围绕土地出让手续，均需要一个过程，杨其静、卓品和杨继东（2014）具体描述了这个过程，这个过程包括项目立项、土地出让、审批、投资建厂等全流程。此外，领导熟悉地方情况、制订招商引资方案，企业建设厂房，政府“七通一平”完善基础设施等也需要一定的时间。因此，投资开发的确需要 1 年的时间进行辅助性工作。

好钢用在刀刃上。官员任期的第 3 ~ 4 年为关键时期，官员获得晋升的概率较高，一旦错过，对于仕途将具有重要影响。干春晖、邹俊和王健（2015）从地方官员任期的角度探讨企业产能过剩的成因。杨继东和杨其静（2016）基于 2007—2011 年中国城市用地出让的实证分析，考察了“四万亿元”刺激计划对工业用地出让的影响，结果表明，若市委书记的在任时间越长，尤其是超过 3 年，则会促使这些保增长压力大的城市政府在刺激计划下出让更多的工业用地。这意味着即便市委书记具有某种政治禀赋优势，如来自中央或省机关，也必须在职位变迁的关键时点做出突出的经济增长业绩。

任期规划是核心。在稳定的任期制度下，官员如何在任内“谋篇布局，做好规划”，关系到其仕途发展。庞保庆和耿曙（2016）把这种情况称为“弹性任期”，即使地方领导处于“试用期”。而这在创造令人眩目的经济增长奇迹的同时，也存在深刻的流弊，特别是在以下情况下。①环境污染得不到足够重视（聂辉华和李金波，2006）；②有些不合规的土地出让以及“炒地”增值

（杨继东和杨其静，2016）；③不良贷款增多、坏账率增加。银行表外资产规模的急剧膨胀是中国金融安全的重要隐患。

弹性任期是干部人事管理的“指挥棒”。政府主导经济增长的重要政策依据在于中央政府掌握了对地方政府的干部人事管理以及上级地方政府对下级地方政府的权威。在这种深刻的动员机制下，倘能有效做好“任期规划”，在关键时期拿出“漂亮的成绩”，对于干部晋升而言，往往事半功倍。而弹性任期制度对干部的检验是全面的，不止于其能力与官声人品，还要测度其政治敏锐性和灵活性。也恰是弹性任期制度的存在，既强化了中央政府对地方政府的权威和控制力，也赋予了地方政府破除“条条框框”约束的动机与动力。毕竟，弹性任期制度加大了“委托—代理”问题的模糊度，除粗线条的干部人事管理原则之外，在表面的模糊和不透明之外，一切都需依靠精细的计算、规划和调整。

弹性任期在实际干部任期中得到充分验证。既有的研究（耿曙、庞保庆和钟灵娜，2016）指出：①官员调动十分频繁，多数并未做满法定任期；②官员实际任期差距大，官员任期似乎没有固定的程式。弹性任期便于中央政府对地方政府，上级政府对于下级政府的监管和制约，最终必将强化中央权威，中央意志得以最终贯彻。弹性任期制度下，干部的任期规划成为核心。“只有在合适的时间做合适的事，才能成为那个合适的人”，这种理念深入人心，成为官员们的共识以及行动的自觉指导。

一个干部一个思路。长期以来，政策连续性问题备受关注。就实际观察而言，这种连续性显得较为脆弱，当然如果存在较大的共容性利益，政策延续会保持稳定。干部弹性任期是一个很好的理解视角，就新任领导而言，大多有自己的任期规划；即便刚到任时，任期规划还不清晰，经过3～6个月的沉淀和熟悉，也很快有了相应的理念和思路。在这种情况下，前任的政策和项目方案如果和自己的主张不一致，多半会陷入停滞状态。沉浮商场的人多感慨：在中国做生意，绝大多数情况都是跟着领导的思路走。恰是在领导的有效预期引导下，地方的经济社会发展得以缓慢有序地延展开来，相应的政商活动也得以开展。在这种活动的背后，就是充满魅力的制度机制——弹性任期。

5.3　“三上二下式倒U形”分布的微观机制解释

以全国人民代表大会第一次会议召开作为换届第一年，以全国党代表大会召开作为换届第五年。其中，前三年，全社会固定资产投资呈现边际递增，而后两年，呈现边际递减。这就是中国地方官员政治任期与全社会固定资产投资的“三上二下式倒U形”分布。总体而言，这套逻辑以中国地方官员的实际任期作为逻辑基础，一方面是“促进”力量，体现了地方干部投资的政治激励，另一方面是“收缩”力量，反映了地方干部所面临的约束限制条件，除了这两种力量之外，通过对G省A市的调研，还对官员微观激励动机进行深入讨论，存在第三种力量即“退路—活路”心态。

具体而言，换届第一年，官员不熟悉当地情况，需要一定的时间了解和熟悉当地①，从对干部的访谈看，这个时间大概是3～6个月，新任干部特别是要巩固政治力量联盟，确保“调得动下

① 熊玠．习近平时代［M］．北京：中共中央党校出版社，2016：157－158.

面”“新官上任三把火”，需要在优质项目上投资“撑场面”，以赢得来自下面的支持和忠诚；同时，干部调动多发生在第二季度和第三季度，即每年的第4～9月，因此，新任干部多选择在年底10～12月发力，启动投资项目。第二年和第三年，投资快速增加，并在第三年达到高峰，这源自激烈的地方竞争，同时也是官员谋求政治晋升所必要的“政绩”需要。特别重要的是，主政领导要树立突出个人特性的“政绩项目”以赢得上级领导的认可，并竭力获得其在党委组织中的推荐以及常委人事会议中更多的政治支持。从对地方领导的访谈看，特别是第二年，投资往往快速增加。特别是对于县区一级的官员而言，随着其实际任期的缩短，多数县区级主要领导实际任期是三年，第二年是其拿出“抢眼”投资成绩的关键；而对于市局级领导而言，其实际任期也往往缩水为四年，因此，第二年和第三年成为其大力推进投资的关键年。因此，前三年投资在企稳的基础上得以快速增加，并呈现边际递增。

对159名地方县处级以上官员的问卷有力地证明了这一点。第6章中图6.3和图6.4报告了地方官员眼中“县区级和地市级领导干部晋升的决定性因素分布”，比较分析发现：相同的是三种能力，即经济绩效、平衡利益以及政策创新的能力。特别是地方官员的经济绩效，即发展经济的能力，在县区级和地市级官员的晋升中发挥着重要作用。图5.1报告了问卷对象对县处级领导干部提拔更看重经济绩效和发展经济的能力的认识，其中71.7%的问卷对象持同意或完全同意的态度，只有7.55%的问卷对象持不太同意或不确定的态度。

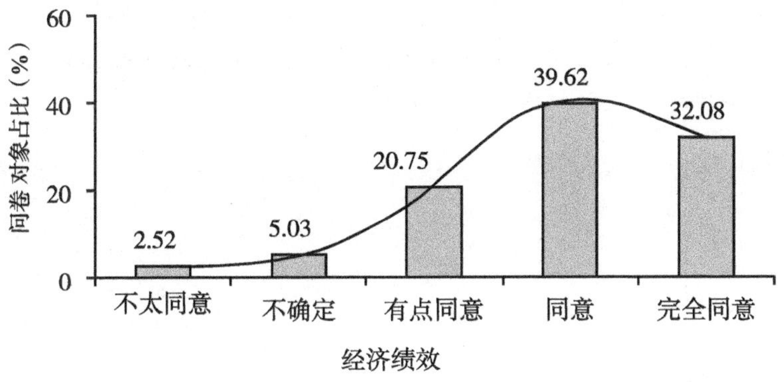

图 5.1　对县区级领导干部提拔更看重经济绩效和发展经济的能力的认识

资料来源：根据问卷调研数据分析结果整理，作者自制。

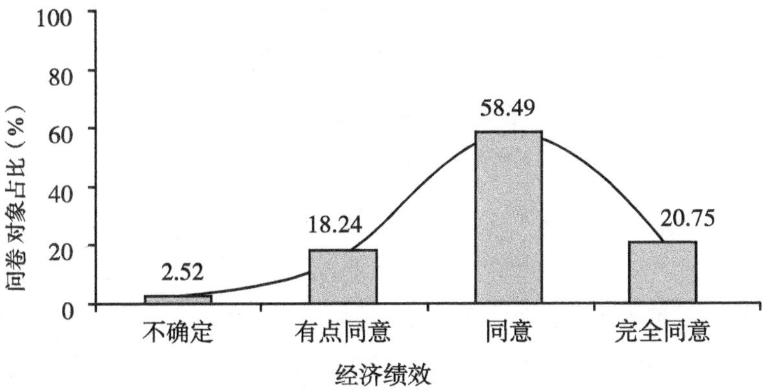

图 5.2　对地市级领导干部提拔更看重经济绩效和发展经济的能力的认识

资料来源：根据问卷调研数据分析结果整理，作者自制。

同样地，图 5.2 报告了问卷对象对地市级领导干部提拔更看重经济绩效和发展经济的能力的认识，其中 79.24% 的问卷对象持同意或完全同意的态度，只有 2.52% 的问卷对象持不确定的态度。虽然经济绩效在县区级和地市级干部提拔中的重要性存在差异，问卷对象在同意以及完全同意的分布上也存在差异，但毋庸置疑的是，绝大多数的问卷对象都认识到：经济绩效对于县区级和地市级领导提拔具有十分重要的意义。

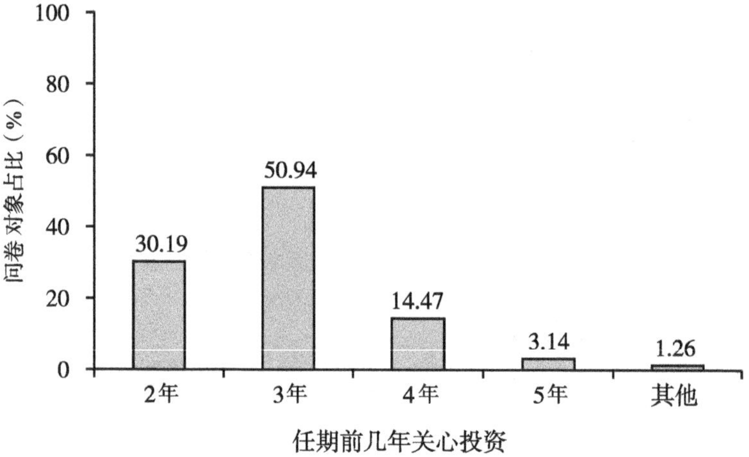

图 5.3　地方官员对任期内投资增长关注的分布情况

资料来源：根据问卷调研数据分析结果整理，作者自制。

那么地方官员是如何看待任期内的晋升关键节点的呢？第 6 章的表 6.4 和表 6.5 对此做了报告。图 5.3 进一步报告了地方官员对任期内投资增长关注的分布情况，据此，50.94% 的问卷对象表示在任期的前 3 年关心经济发展，特别是投资增长；如果考虑到任期的第 2 年，即任期前 3 年关心经济发展，特别是投资增长的问卷对象占比将达到 81.13%；而到第 4 年，这一占比就急剧下降到了 14.47%；第四年以后关心经济发展，特别是投资增长的问卷对象占比仅为 18.87%。从分布结果看，绝大多数的问卷对象认为任期的前三年要特别关注经济发展，特别是投资增长，项目投资是地方官员在任期前三年主要的注意力集中点，第四年以后，地方官员的注意力会发生转移。

为何后两年，地方官员对经济发展，特别是投资增长的热度急剧衰退呢？这是因为，后两年地方官员面临着约束和限制，导致投资呈现递减。后两年干部会有意放缓投资，这对于市局级和省级主要党政领导显得尤为关键。头三年投资推进的速度太快，难免会存在一些不规范的地方，而在换届前期很重要的是主动弥补这些不足，并且保证在组织部重点考察人事期间，不出现安全事故、群体性事件和环境污染等“一票否决”事件。

在第四年，面临投资调整，具体包括项目调整、投资规模调整以及资金调整，投资调整的目的在于防止投资过热，降低通胀压力，以免遭受来自中央政府和上级政府的“调控压力”。这种来自上面的问责压力对于其“考察和任命”具有根本性的威胁，稍有不慎，即便获得了提名和推荐，也难以顺利通过后面的“考察和任命”。第五年，投资边界递减在于现任领导不愿意给继任领导留“尴尬”，担心由于本人调整后，该年上马的项目在下任领导那里并不受重视，造成项目停滞乃至“烂尾”等情况，同时，也是尽量减少给下任领导带来较大的“财政亏空”和“债务压力”。另外，根据惯例，第五年是全国党代会的召开年，这一年是关键的“政治年”，“不能犯错”是基本的政治共识，否则，一旦由于项目投资开发出现重大安全生产事故、环境污染事件或者社会群体性事件等，前面的辛苦和心血均有可能“毁于一旦”。

图 5.4 和图 5.5 具体报告了问卷对象对于任期内晋升关键年份以及党代会前夕政治敏感期的认识。据图 5.4，41.51% 的问卷对象表示，任期的第 4 年是晋升关键年份；据图 5.5，65.41% 的问卷对象表示，全国党代会召开前 1 年，即任期第 4 年是政治敏感期。这意味着，任期第 4 年和第 5 年，地方官员面临政治考量的约束。

这意味着在这两年，地方官员主要以求稳为主，特别慎重防止出现重大安全生产事故、群体性事件和重大环境污染事件等“一票否决”事件的出现，影响组织部及上级党委对自身的考评以及政治流动。

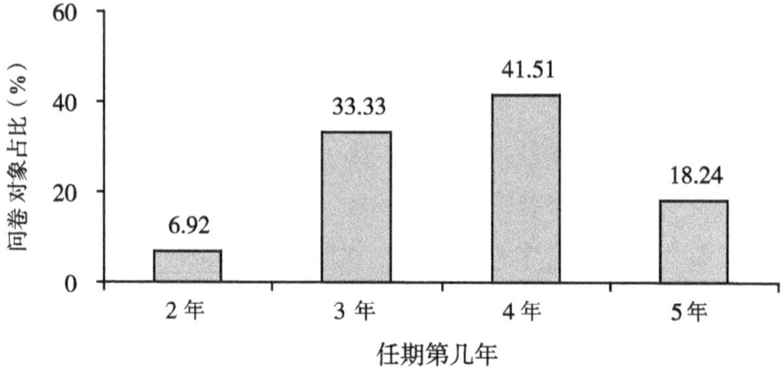

图 5.4 地方官员对任期内晋升关键年份的认知分布情况

资料来源：根据问卷调研数据分析结果整理，作者自制。

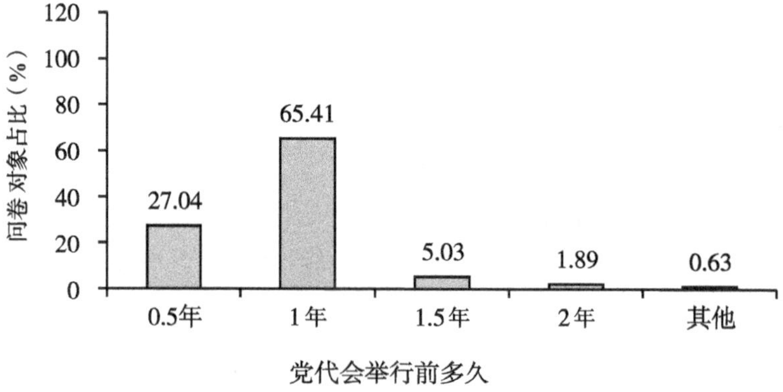

图 5.5 地方官员对党代会前政治敏感期的认知分布情况

资料来源：根据问卷调研数据分析结果整理，作者自制。

图 5.6 具体汇报了微观分析机制。此外，结合第 6 章第 3 节对 G 省 A 市的案例，还加入了对官员微观激励动机的分析，特别是

与官员行为相融洽的内在激励结构源自微观的心理动机——“退路—活路”心态。通过对 G 省 A 市的深入案例分析发现，在五年任期约束下的“三上二下式倒 U 形”分布依赖官员流动的群体性心态认知，即在新岗位上要“为自己谋退路，给他人留活路”。具体而言，干部流动到新岗位，能否出政绩、实现晋升具有极大的偶然性，特别是对于外调而来的新干部而言，能否有效实现“内部统一”存在巨大的挑战，倘若其无力实现“内部统一”，特别是施政受阻、受挫，便会争取尽快流动到新的岗位。之所以会有如此心态，有以下两个重要的原因。

第一，组织部门规定一届任期内调整的最多一次。但在实际的组织人事管理中，干部普遍希望在届中实现调整，即便不升迁，也希望能流动。“树挪死，人挪活”，只有保持有效流动才能引起上级领导的关注。在对 A 市的调研中，访谈的领导干部普遍认为，在任期的第 3—4 年是调整的最佳时期，一旦错过这个时机，越往后越难以调整；如果干了两届任期，还得不到调整，多半（少数民族地区和老少边穷地区除外）要出问题。

第二，政府部门的政治“密码”是争而不破。新领导会打破既定的利益格局和人事稳态，任职头三年，内部反抗力量不断积聚。即便实现“内部统一”，也会“急流勇退”，寻找新的去处，或升迁或平调，防止矛盾激化，影响今后的政治生涯和生活。这个假说有两个结构性条件，其一，干部来源是外调干部还是本部门内部提拔、顺位接任；其二，新领导能否有限实现部门“内部整合”，特别是外调干部能否实现“内部统一”。具体分析详见 G 省 A 市的案例分析。

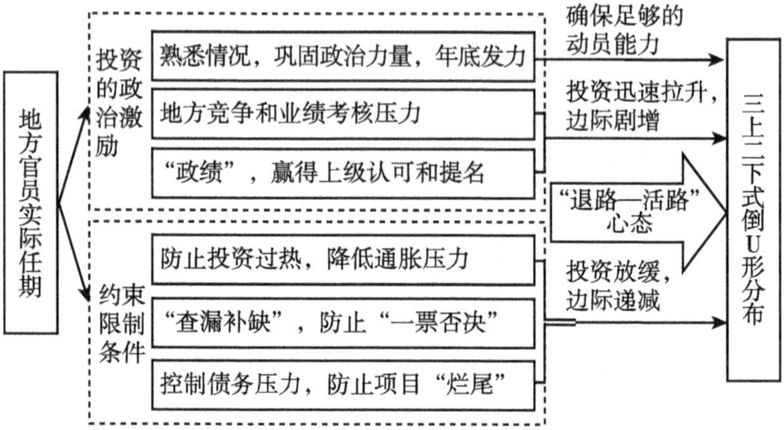

图 5.6　地方官员实际任期与投资增长“三上二下式倒 U 形”分布的解释机制

资料来源：根据本研究分析结果整理，作者自制。

图 5.6 展示了地方官员实际任期与投资增长呈现“三上二下式倒 U 形”分布的解释机制。第 4 章通过 1978—2012 年中国省级面板数据的实证分析发现，地方官员政治任期同投资增长呈现“三上二下式倒 U 形”分布，并进一步通过全社会固定资产投资实际年增长率数据以及 159 份处级以上官员问卷验证了该分布特征。地方官员任期与投资增长的“三上二下”关系主要是由地方官员的实际任期导致，同时，在地方官员的实际任期约束下，其机制过程中清晰存在三种力量，即“促进”力量——投资的政治激励、“收紧”力量——约束限制条件以及官员微观激励动机——“退路—活路”心态。在一届政府五年任期内，地方官员的政治任期与投资增长之所以呈现出显著的“三上二下式倒 U 形”分布的结构特征，这主要是由地方官员的实际任期造成的。地方官员的实际任期是重要的逻辑基础，同时有三种力量在共同发挥作用，影响地方官员的投资行为以及项目投资的规划预期，塑造了这种结

构性特征。

作为有利的外部微观研究支撑，钱先航和曹廷求（2017）证实了地方官员与地区间的资金流动存在“钱随官走”现象。他们利用中国人民银行大额支付系统的数据，在匹配省委书记个体特征的基础上，考察了官员政治关联地区，即出生地、第一工作地和来源地的资金是否会跟随官员流动。实证分析证实存在“钱随官走”的现象，且政治关联强度越大的地区，“钱随官走”的效应也越大。这个研究结果对于本书提出的投资的周期性分布微观解释机制具有重要的支撑意义，这意味着，干部的有效任期规划既是自己对政治进步的追求，更是对关联企业资金投资的负责任态度。这是一种深刻的互惠型关系，更是在复杂关系中，对锻炼干部能力、德行和操守的有效检验。本书同样对“钱随官走”现象具有研究借鉴和参考意义，从根本意义而言，这有助于更深入考察中国的政商关系，特别是在地方官员政治任期与投资增长“三上二下”的关系特征下，对项目投资背后的政商关系进行梳理有助于更深入地理解中国真实的经济增长故事。

第 6 章　问卷报告和 G 省党政领导任期统计

6.1　问卷调查结果报告

通过对县处级以上地方官员的问卷调查可以细致分析地主官员的实际任期和对官员流动的认知。本问卷调查共发放问卷200份，回收179份，其中有效问卷159份，有效问卷率为79.5%。问卷对象为县处级以上的地方官员，如副市长、县长、县委书记以及各市直机关职能部门负责人等；选取的问卷对象来自湖南省衡阳市、贵州省安顺市、四川省成都市和贵州省贵阳市等城市。这些城市主要位于我国中西部地区，一般而言，东部地区干部实际任期普遍不满届，干部流动频繁，中西部地区是否也存在这一现象呢？访谈中了解到，中西部地区地方干部流动较慢，对这些地方官员的实际任期的认识以及对官员流动的认知，对验证中国地方官员的实际任期以及官员流动的认知等更有说服力。

6.1.1　问卷构成以及问卷对象基本情况概述

表6.1报告了问卷的分布情况。其中湖南省衡阳市的有效问卷数量为38份，贵州省安顺市的有效问卷数量为47份，四川省成都市的有效问卷数量为35份，贵州省贵阳市的有效问卷数量为39份，累积有效问卷数量159份。有效问卷率为79.5%，问卷过程控制严格，有着较高的问卷回收率，问卷质量较高，数据质量较好。

表6.1　问卷构成分布　　单位：份

	发放问卷	回收问卷	有效问卷	有效问卷率（%）
湖南省衡阳市	50	46	38	76
贵州省安顺市	50	49	47	94
四川成都市	50	41	35	70
贵州省贵阳市	50	43	39	78
共计	200	179	159	79.5

资料来源：根据问卷调研结果整理，作者自制。

表6.2报告了这159份问卷的基本社会经济变量分布情况。其中就性别而言，男性官员为105人，占比66%，女性官员为54人，占比34%；就年龄分布而言，35岁及以下官员为55人，占比34.6%，36~40岁官员为72人，占比45.3%，41~45岁官员为31人，占比19.5%，46岁~50岁为1人，占比0.6%；就行政职务分布而言，其中副市长26人，占比16.4%，县（区）长21人，占比13.2%，副县（区）29人，占比18.2%；其他为83人，占比52.2%，这里的其他指的是市委市政府、市人大政协及各市直属机关和及职能部的副处级以上领导，包括调研员等；就行政级别的分布而言，副处级以上官员为133人，占比83.6%，厅局级

官员为 26 人，占比 16.4%。就这四个变量的标准差分布而言，数据分布基本稳定，数据质量较好。

表 6.2　问卷对象基本情况描述

变量	变量选项分布				标准差
性别	男	女	—	—	
	105（66%）	54（34%）	—	—	0.48
年龄	35 岁及以下	36～40 岁	41～45 岁	46～50 岁	
	55（34.6%）	72（45.3%）	31（19.5%）	1（0.6%）	0.82
行政职务	副市长	县（区）长	副县（区）长	其他	
	26（16.4%）	21（13.2%）	29（18.2%）	83（52.2%）	1.53
行政级别	县处级	厅局级	省部级	其他	
	133（83.6%）	26（16.4%）	—	—	0.37

资料来源：根据问卷调研数据分析结果整理，作者自制。

6.1.2　地方官员实际任期分布以及官员流动认知情况

表6.3报告了地方官员对省级、地市级和县区级书记及行政长官，包括省委书记和省长，市委（地委）书记和市长（或地区行署署长），县委（区委）书记和县（区）长的实际任期的认知情况。具体而言，县（区）委书记的实际任期集中在 3.1～3.5 年，而县（区）长的实际任期集中在 2.6～3 年，49.7% 的调查对象认为县（区）委书记的实际任期在 3.5 年以内，41.5% 的调查对象认为县（区）长的实际任期在 3 年以内。地市级市委书记的实际任期集中在 3.6～4 年，（地）市级市长的实际任期集中在3.1～3.5 年和3.6～4 年，47.7% 的调查对象认为地市委书记的实际任期在 4 年以内，67.3% 的调查对象认为（地）市长的实际任期在 4 年以内。省委书

记的实际任期集中在4.6～5年，省长的实际任期集中在4.1～4.5年，81.1%的调查对象认为省委书记的实际任期集中在5年以内，71%的调查对象认为省长的实际任期在4.5年以内。从标准差分布看，基本上级别越高，标准差越大，这意味着对于地方政府而言，级别越高，官员实际任期的变化幅度越大，而越接近基层的地方官员，其实际任期变化差异越小，实际任期分布越集中。

表6.3　地方官员实际任期认知的概率密度分布

	县区级		地市级		省级	
	书记	县（区）长	书记	市（地）长	书记	省长
2.5年及以下	4（2.5%）	—	3（1.9%）	—	1（0.6%）	—
2.6～3年	7（4.4%）	66（41.5%）	5（3.1%）	17（10.7%）	1（0.6%）	4（2.5%）
3.1～3.5年	68（42.8%）	47（29.6%）	12（7.5%）	45（28.3%）	1（0.6%）	4（2.5%）
3.6～4年	42（26.4%）	25（15.7%）	56（35.2%）	45（28.3%）	9（5.7%）	46（28.9%）
4.1～4.5年	17（10.7%）	7（4.4%）	49（30.8%）	20（12.6%）	55（34.6%）	59（37.1%）
4.6～5年	11（6.9%）	10（6.3%）	16（10.1%）	23（14.5%）	62（39%）	26（16.4%）
5.1～5.5年	3（1.9%）	4（2.5%）	7（4.4%）	5（3.1%）	14（8.8%）	8（5%）
5.6～6年	5（3.1%）	—	5（3.1%）	3（1.9%）	4（2.5%）	5（3.1%）
6.1～6.5年	2（1.3%）	—	2（1.3%）	1（0.6%）	4（2.5%）	3（1.9%）

续表

	县区级		地市级		省级	
	书记	县（区）长	书记	市（地）长	书记	省长
6.6~7年	—	—	4（2.5%）	—	3（1.9%）	4（2.5%）
7.1~7.5年	—	—	—	—	5（3.1%）	—
7.6~8年	—	—	—	—	—	—
标准差	1.49	1.31	1.61	1.47	1.55	1.48
合计	159（100%）	159（100%）	159（100%）	159（100%）	159（100%）	159（100%）

资料来源：根据问卷调研数据分析结果整理，作者自制。

表6.4报告了地方官员对任期与投资增长关系的认知。一届政府的五年任期中的头三年投资增长较快，后两年的投资增长回落的现象，即“三上二下”，90%的问卷对象认为这种现象非常普遍或较普遍，如图6.1所示。而在检验性问题中，50.9%的问卷对象认为地方官员在任期的前3年关心投资，81.1%的问卷对象认为地方官员在任期的前3年和前2年关心投资的增长情况。地方官员对于一届政府五年任期中的关键年份是如何认识的呢？41.5%的问卷对象认为第4年是晋升关键年，74.8%的问卷对象认为第4年和第3年是晋升关键年。同样，检验性问题探究了全国党代会前多久是敏感期，65.4%的问卷对象认为是前1年，即一届政府的地方官员在五年任期中的第4年进入政治敏感期，这一年是地方官员晋升的关键年份，决定了其下一步的政治发展走向，同时也是地方官员提前做好心理准备，迎接全国党代会的召开的年份，在这一敏感年份，确保辖区的稳定具有十分重要的政治意义。

表6.4 地方官员对任期与投资增长关系的认知

关键问题	选项分布					标准差
“三上二下”分布认知	非常普遍	较普遍	不普遍	不存在	—	
	58（36.48%）	85（53.46%）	14（8.81%）	2（1.26%）	—	0.67
任期前几年关心投资	前2年	前3年	前4年	前5年	其他	
	48（30.2%）	81（50.9%）	23（14.5%）	5（3.1%）	2（1.3%）	0.83
任期第几年是晋升关键年	第1年	第2年	第3年	第4年	第5年	
	0	11（6.9%）	53（33.3%）	66（41.5%）	29（18.2%）	0.85
党代会前多久是敏感期	0.5年	1年	1.5年	2年	其他	
	43（27%）	104（65.4%）	8（5%）	3（1.9%）	1（0.6%）	0.66

资料来源：根据问卷调研数据分析结果整理，作者自制。

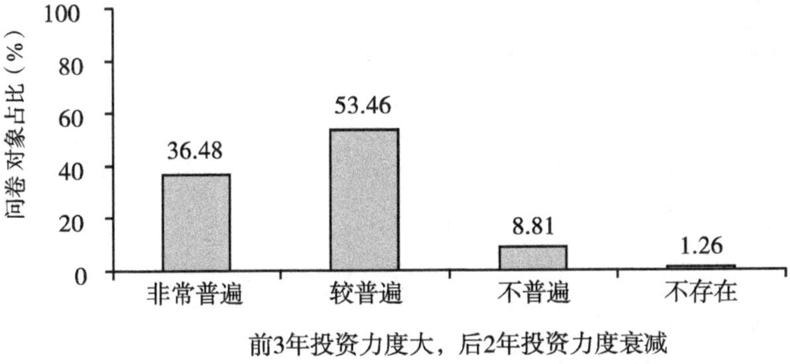

图6.1 地方官员对任期与投资增长“三上二下式倒U形”分布的认知

资料来源：根据问卷调研数据分析结果整理，作者自制。

图6.1报告了地方官员对“三上二下”现象的认知，图6.2报告了地方官员在一届任期内对投资关注度的分布，前三年成为

绝大多数问卷对象的关注重心。图 6. 1 中问卷对象对地方官员任期与投资增长“三上二下”的认知中，有 89. 94% 的占比认为较普遍和非常普遍，认为不普遍或不存在的仅为 10. 07% 。图 6. 2 中，有 50. 94% 的问卷对象认为地方官员在一届任期中的前三年关心经济发展，特别是投资，如果考虑到第二年，这个比重占到 81. 13% ；到第四年，这个比重降到 14. 47% 。

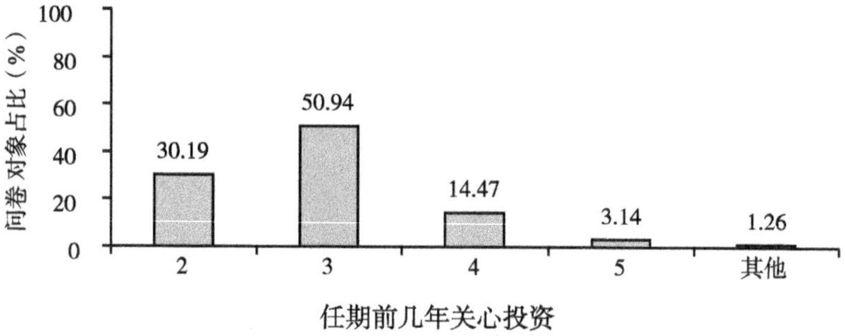

图 6. 2　地方官员一届任期内对投资关注度的分布

资料来源：根据问卷调研数据分析结果整理，作者自制。

表 6. 5　地方官员对晋升敏感期认知的交叉分析

		党代会举行前多久是晋升敏感期					合计
		第 0. 5 年	第 1 年	第 1. 5 年	第 2 年	其他	
任期第几年是晋升关键年	第 2 年	6	4	0	1	0	11
	第 3 年	10	38	4	0	1	53
	第 4 年	17	46	1	2	0	66
	第 5 年	10	16	3	0	0	29
	合计	43	104	8	3	1	159

注：交叉列表的 Pearson 相关性数值为 -0. 04，Spearman 相关性数值为 -0. 03，二者不存在共线性问题。

资料来源：根据问卷调研数据分析结果整理，作者自制。

表6.5对一届政府五年任期内的政治关键年的认知进行了交叉列表分析。从相关性数值看，二者不存在共线性问题，交叉分析结果显示，任期第四年既是地方官员晋升的关键年也是党代会举行前的敏感期。这有力地佐证了官员任期与投资增长呈现“三上二下”分布特征的形成机制。

图6.3和图6.4分别报告了县区级和地市级官员晋升的决定性因素。问卷要求从九项指标中选前四项决定性因素的指标。这九项指标依据目前学界的研究整理总结为：1代表年龄和学历，2代表资历，3代表血缘和姻亲关系，4代表老乡同事同学关系，5代表相同爱好和兴趣，6代表经济绩效和发展经济的能力，7代表政策创新能力，8代表平衡各方利益能力，9代表不犯错和不担责。从县区级官员晋升的决定性因素（前四）分布情况看，28.3%的问卷对象选择的是年龄和学历、经济绩效和发展经济的能力、政策创新和平衡各方利益的能力，9.43%的问卷对象选择的是资历、经济绩效和发展经济的能力、政策创新能力以及年龄和学历，8.18%的问卷对象选择的是年龄和学历、经济绩效和发展经济的能力、平衡各方各方利益的能力以及不犯错和不规责。从具体分布看，问卷对象具有共识的是年龄和学历、经济绩效和发展经济的能力、平衡各方利益的能力。

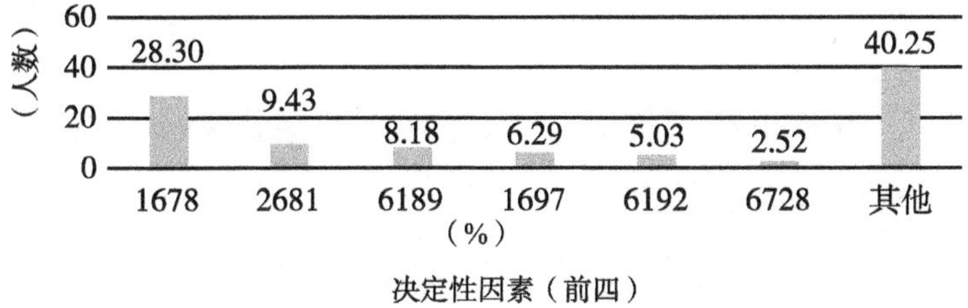

注：1代表年龄和学历，2代表资历，6代表经济绩效和发展经济能力，7代表政策创新，8代表平衡各方利益的能力，9代表不犯错和不担责。

图6.3　县区级官员晋升决定性因素（前四）分布状况

资料来源：根据问卷调研数据分析结果整理，作者自制。

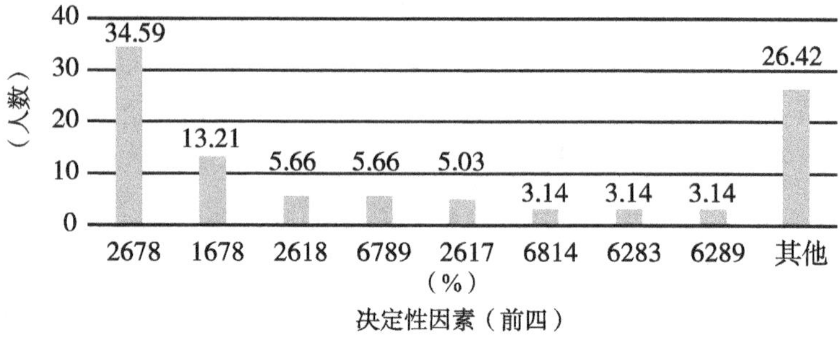

注：1代表年龄和学历，2代表资历，3代表血缘和姻亲关系，4代表老乡同事同学关系，6代表经济绩效和发展经济能力，7代表政策创新能力，8代表“平衡各方利益能力，9代表不犯错和不担责。

图 6.4　地市级官员晋升决定性因素（前四）分布状况

资料来源：根据问卷调研数据分析结果整理，作者自制。

从问卷对象对县区级和地市级官员晋升决定性因素的认知看，相同的是经济绩效和发展经济能力、政策创新能力和平衡各方利益能力。存在差异的是，问卷对象认为在县区级官员的晋升决定因素中，第一是年龄和学历发挥着重要作用，第二是政策创新能力；而在地市级官员晋升决定性因素中，第一是政策创新能力发挥着重要影响，第二是资历。这种差异是对地方官员政治晋升过程中的选择偏好的深刻反映。

6.2　G 省省市县（区）三级党政领导干部实际任期分布状况统计

6.2.1　G 省投资情况报告

G 省地处我国华南地区。全省下辖 14 个地级市，7 个县级市，34 个区，68 个县；截至 2016 年年末，全省常住人口 4 838 万人。省域总面积23.67万平方公里，占中国国土总面积比例为2.5%，在全国各省区市国土总面积中排第9位。G省的城镇人口比重为48.1%，处于全国中等水平，发展潜力大。截至2015年，G省全年生产总值16 803.12亿元，比2014年增加8.1%，其中第一产业增加值为2 565.97亿元，第二产业增加值为7 694.74亿元，第三产业增加值为6 542.41亿元。全年财政收入为1 515.16亿元，财政支出为4 065.51亿元。人均国内生产总值为35 190元，全省城镇居民人均可支配收入为26 415.87元，农村居民人均可支配收入为9 466.58元。

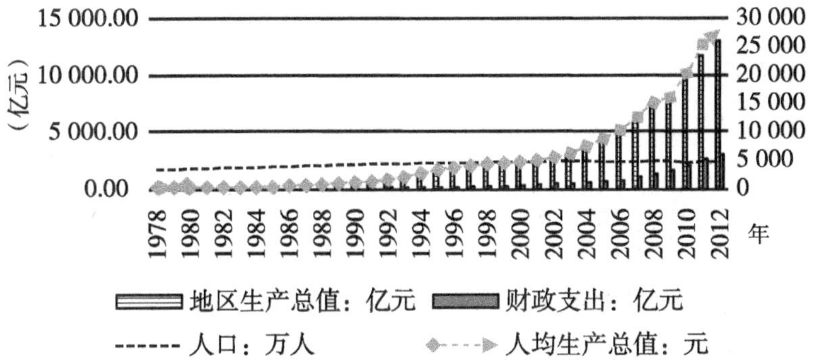

图6.5　G省1978—2012年基本经济社会情况

数据来源：国家统计局，《中国统计年鉴2013》及国家统计局官网。

图6.5报告了G省1978—2012年人口、地区生产总值、人均生产总值和财政支出的情况。人口从1978年的3 402万人增长至2012年的4 682万人，最高时达到4 889万人；地区生产总值从1978年的75.85亿元，增长至2012年的13 035.1亿元，年均增长率为16.6%；人均生产总值从1978年的225元，增长至27 952元，年均增长率为15.5%；财政支出规模从1978年的20.78亿元，增长至2012年的2 985.23亿元，年均增长率为16.4%。

G省全社会固定资产投资增长迅速。图6.6报告了G省1978—2012年全社会固定资产投资及其经济成分构成的分布情况。G省全社会固定资产投资从1978年的9.71亿元，增长至2012年的9 808.6亿元，年均增长率为24.4%，特别是1992年邓小平南方谈话之后，全社会固定资产投资获得突飞猛进的发展，年均增长率高达21.2%。从全社会固定资产投资的主要构成来看，主要是，以国有经济成分为主，平均占比55%。特别值得注意的是，2000年后个体经济成分快速增长，所占比重也不断攀升。

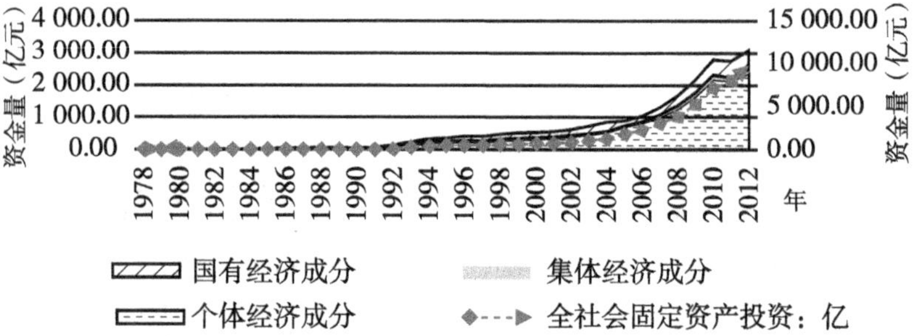

图6.6　G省1978—2012年全社会固定资产投资及其经济成分构成

数据来源：国家统计局，《新中国六十年统计资料汇编》，《中国统计年鉴2013》以及国家统计局官网。

图6.7报告了1978—2012年全社会固定资产投资年均增长率波动情况。这个波动趋势同中国1978—2012年全社会固定资产投资年均增长率波动基本一致，总体而言以1989年、1998年和2008年为界可以分为四段。在1989年之前，全社会固定资产投资年均增长率呈现“过山车”式波动，年均增长率为20.2%；1989—1998年，受中国宏观经济“大起大落”的影响，全社会固定资产

投资也呈现这一特征，在过热—着陆间激荡，这一时期年均全社会固定资产投资增长率为30.5%；1999—2007年这一时期全社会固定资产投资稳步攀升，年均增长率为22.7%；2008年之后，全社会固定资产投资稳步回落，年均增长率为26.2%。这也进一步凸显了以G省作为案例研究的典型性。

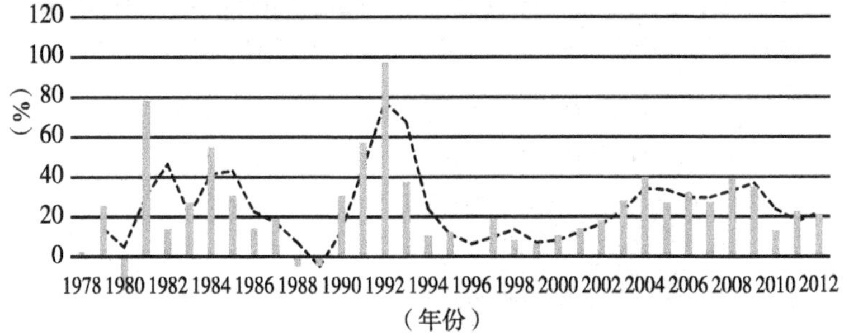

图6.7　G省1978—2012年全社会固定资产投资年均增长率波动情况

数据来源：国家统计局，《新中国六十年统计资料汇编》《中国统计年鉴2013》以及国家统计局官网。

图6.8报告了G省2003—2012年全社会固定资产投资的资金来源和中央地方项目构成分类。从资金来源看，第一主要是自筹，占58.4%，第二是贷款和其他，特别值得注意的是，预算内资金所占比重为5.4%，这意味着该数据是很好的“准商业数据”，政府直接财政投资占比并不高。从中央和地方项目的占比看，中央项目占比在3.5%～16.1%，平均比重为7.4%；而地方项目占比平均为92.6%，这也进一步凸显了地方在全社会固定资产投资方面的自主性。G省全社会固定资产投资的资金来源和中央地方项目构成分类情况与全国的数据基本保持一致，进一步凸显了G省案例研究的典型性。

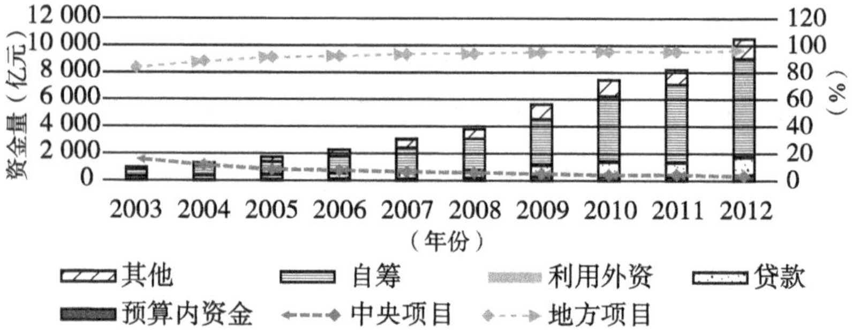

图 6.8　G 省 2003—2012 年全社会固定资产投资资金来源及中央项目和地方项目构成分类

数据来源：国家统计局，《中国统计年鉴 2013》以及国家统计局官网。

6.2.2　G 省地方主要党政领导干部实际任期及去向统计

此节报告了 G 省 2003—2012 年省市县（区）党政领导干部的实际任期情况。通过政府网站、领导访谈以及查阅县志等途径，收集了 2003 年 1 月至 2012 年 12 月 G 省省长、省委书记，市长、市委书记以及县（区）长、县（区）委书记的任职变更情况。整理获得 3 任省委书记、3 任省长，30 任市委书记、38 任市长，183 任县（区）委书记、161 任县（区）长的资料。之所以选择统计 G 省 2003—2012 年的党政领导干部实际任期主要是基于以下考虑。①选择最近两个五年政治任期，与文章面板计量分析模型保持空间变量和时间变量的相对一致性；②2013 年以来，先后有湖北、贵州、山西、安徽、云南、辽宁、福建、浙江 8 个省份和自治区被中央巡视组指出存在党政领导更换频繁、任期制执行不到位的问题，而 G 省不在这 8 个省份之中，对不在通报省份的主要党政领导干部任期的研究可以折射出通报省份问题的典型性。如果 G 省的地方干部实际任期尚且不满届，则足见那些被通报的省份的地方干部任期不满届情况有多严重。因此对G省进行研究能够提升研究的外部效度。

表6.6　G省省、市、县（区）主要党政干部实际任期分布

	第1年	第2年	第3年	第4年	第5年	第6~10年及以上	N	平均任期（月）
省委书记	—	1（33.3%）	—	—	1（33.3%）	1（33.3%）	3	62
省长	—	—	—	1（33.3%）	1（33.3%）	1（33.3%）	3	61
市委书记	2（6.7%）	3（10%）	5（16.7%）	6（20%）	8（26.7%）	6（20%）	30	45
市长	4（10.5%）	7（18.4%）	6（15.8%）	11（28.9%）	6（15.8%）	4（10.5%）	38	41
县（区）委书记	8（4.4%）	41（22.4%）	52（28.4%）	37（20.2%）	24（13.1%）	21（11.5%）	183	34
县（区）长	15（9.3%）	42（26.1%）	29（18%）	41（25.5%）	19（11.8%）	15（9.3%）	161	31

资料来源：根据G省地方主要党政干部实际任期数据分析结果后整理，作者自制。

表6.6详细报告了G省地方主要党政干部的实际任期情况。就省级领导而言，省委书记的平均任期是62个月；省长的平均任期是61个月，均超过5年，即60个月，可谓满任。就市级领导而言，市委书记的平均任期是45个月，不足4年，即48个月；市长的平均任期是41个月，不足3.5年，即42个月。就县级领导而言，县（区）委书记的平均任期是34个月，不足3年，即36个月，县（区）长的平均任期是31个月，接近2.5年。这意味着除

省级领导外，市级和县（区）级领导的实际任期均不满届。当然，由此可以看出，书记的任期普遍比政府行政首长的要长；层级越高，实际任期越长，且每一层级官员的实际任期相差约1年，市级比省级差17~20个月，县区级比市级差10~11个月。

G省地方省市县（区）主要党政领导官员的实际任期与问卷调查地方官员对省市县（区）主要党政领导官员实际任期的认知是一致的。表6.3报告了159位问卷官员对地方省市县（区）主要党政领导官员实际任期的认知情况，问卷对象来自湖南、贵州和四川这三个省份的四个地市，且问卷对象并没有来自G省，但G省省市县（区）官员的实际任期统计结果却与问卷结果呈现了惊人的一致性。具体而言，省委书记和省长基本接近满任，能任满5年；G省市委书记的平均任期是45个月，接近4年，而问卷调查中占比最高的认知分布集中于第3.6~4年；G省市长的平均任期是41个月，近3.5年，问卷调查中占比最高的认知分布集中于第3.1~3.5年和第3.6~4年；G省县（区）委书记的平均任期是34个月，近3年，问卷调查中占比最高的认知分布集中于第3.1~3.5年；G省县（区）长的平均任期是31个月，近2.5年，问卷调查中占比最高的认知分布集中于第2.6~3年。当然，G省同样是地处华南的西部省份，G省的统计结论与问卷调查结论一致，这也说明了地方官员的实际任期的调查结果具有较好的外部效度，对全国地方官员的实际任期分析结论具有较好的一般性和可推广性。

从G省地方主要党政领导干部实际任期的概率分布看，省级领导集中分布在第5年附近。市级领导中，市委书记实际任期集中分布于第4~5年，占到了46.7%；市长实际任期集中分布于第3~5年，占到了60.5%。县（区）级领导中，县（区）委书记实际任期集中分布于第2~4年，占到了71%，其中，第3年是高峰；县（区）长实际任期集中分布于第2年和第4年，占到了51.6%。且超过5年，即实际任期在第6～10年及以上的地方干部在市级和县（区）级所占比重均不高，且随着地方政府层级下移，实际任期超过5年的官员所占比重也基本上逐步减少。

表6.7报告了G省地方主要党政领导实际任期后的去向分布。总体而言，G省地方各级主要党政领导干部有着较好的政治发展空间，晋升或平调等政治流动情况较好。其中，其他具体包括退休、辞职、死亡等情况。所谓晋升，具体指官员升任更高级别职务上以及由政府领导正职调整到同级别党委书记；平调则指同级别的调任，特别指出，从市委书记调任某省直部门正职也被当作平调，这是因为在实际政治过程中，市委书记升任省委常委才被看作晋升。从违纪违法的主要党政领导数量以及占比而言，都比较少，这说明，G省地方省市县（区）主要党政领导的政治意识和法律意识较高，在经济快速发展时期，能够有效地约束自己的行为，避免出现贪污、腐败和枉法等恶性行为。从G省省市县（区）主要党政干部去向分布看，一个清晰的事实是：G省主要地方党政干部具有较高的晋升或平调的可能性。G省官员的流动情况较好，官员成长和发展的空间较大。

表6.7　G省省、市、县（区）主要党政干部去向分布

	省委书记	省长	市委书记	市长	县（区）委书记	县（区）长
晋升	3（100%）	2（66.7%）	19（63.3%）	17（44.7%）	93（50.8%）	109（67.7%）
平调	—	1（33.3%）	7（23.3%）	21（55.3%）	79（43.2%）	44（27.3%）

续表

	省委书记	省长	市委书记	市长	县（区）委书记	县（区）长
违纪违法	—	—	1（3.3%）	—	7（3.8%）	6（3.7%）
其他	—	—	3（10%）	—	4（2.2%）	2（1.2%）
总计	3	3	30	38	183	161

资料来源：根据G省地方主要党政干部实际任期数据分析结果整理，作者自制。

G省干部流动情况较好。就省级领导而言，省委书记全部调任中央政府，或全国人大副主任或全国政协副主席；而省长则有66.7%的调任全国人大副主任或全国政协副主席，有1人平调。就市级领导而言，市委书记中有63.3%的人实现政治晋升，升任省委常委、副省长或副书记等职务，有23.3%的人属于平调任职；市长实现政治晋升的官员比重是44.7%，另外55.3%属于平调。就县（区）级领导而言，县（区）委书记中有50.8%的官员获得晋升，有43.2%的官员实现平调；而对县（区）长而言，获得晋升的官员比重是67.7%，而实现平调的官员比重则是27.3%。此外，该省市级和县（区）级主要党政领导中有3.3%～3.8%的官员违纪违法。从2003—2012年G省省级、市级和县区级主要党政干部的去向的分布看，G省官员具有较好的纵向流动和横向流动，且纵向流动的比重较高，这意味着该省官员在获得更好的发展方面拥有更突出的优势。

6.2.3 官员层级分流的关键节点：市长和县（区）委书记

G省省市县（区）主要党政领导干部的培养成果较突出。周雪光（2016）研究中国官员的空间流动，提出了“流动的官”和“固守的吏”的概念，根据他的统计，能够获得晋升或平调的官员在整个公务员群体中所占的比重不到5%；但在能够实现流动的官员群体中，层级越高，获得晋升或平调的机会越多、概率越大。而G省的实际统计结论，有助于修正这一发现。从地方主要党政官员的晋升和平调概率分布看，市长显得很特殊，晋升的占比是44.7%，依次低于省委书记、县（区）长、省长、市委书记，而市长的晋升占比和县（区）委书记占比较接近；相应地，市长获得平调的占比则依次高于县（区）委书记、省长、县（区）长和市委书记。就这一发现而言：市长在实现政治流动时，极大可能是平调到其他地市再任市长，能够直接从市长升任市委书记的占比仅为40%，这在晋升占比普遍居于60%～70%的主要党政官员群体中显得较低。面临同样情况的是县（区）委书记，只有约50%的县（区）委书记会直接实现政治晋升，升任副市长等职务，有近45%的县（区）委书记会平调到其他县（区）再任县（区）委书记。这一发现同周雪光（2016）在“层级分流”的假说中所提出的“官员级别越高，获得晋升或平调的机会越多、概率越大”的观点并不严格一致。但这一发现同中国官场的经验观察是一致的。

市长和县（区）委书记何以在晋升中占比最低，在平调中占比最高呢？这就涉及中国官员流动管理体制。根本而言，存在两种制度，一种是政府任期制，另一种是干部交流及异地任职制度。这两种制度前者在于强调政府官员任期的稳定，以实现“官识民”和“民识官”，进而增加政府公信力，同时促进地方经济发展、提升地方公共服务和社会治理水平、并确保政策的稳定性和延续性；而后者在于培养党政领导，通过不断的轮岗和异地任职锻炼其应对复杂问题和局面的能力，这种培养针对的是党的高级领导以及

“政治接班人”，以确保党领导和执政的政治传承。周雪光（2016）指出了中国政治中所存在的“官吏分途”和“层级分流”现象，但他并未清晰地指出分途和分流这个转折点所发生的关键节点。之所以，这个关键节点是重要的，这是因为中国的官员体制不同于西方的“政治—行政”二分，自进入公共服务领域开始，西方就为行政官/事务官以及政治家设定了不同的路径。而在中国，所有这些都被统称为“公务员”，或者“财政供养人口”；在古代被笼统称为“吃皇粮的人”，而现在则被称为“吃国库的人”。公务员群体的内部分化是随着职位变更和政治流动慢慢实现了分化区别。

市长和县（区）委书记是重要的层级分流关键节点。就中国官场的经验观察看，从处级到厅局级、从厅局级到省部级的转变是异常困难的，也就是说副局级和副部级对于成为党政高级领导具有关键性作用。县（区）委书记是正处级，一旦晋升为副市长，就从“基层干部”的身份特征转变成了“地方领导”，并赢得了成长为地市市长或书记的资格；而市长和市委书记虽然级别一样，但却有不同的政治意义，只有升任市委书记，才能赢得进一步成长为各省省长和省委书记的资格。在中国目前的政治体制安排中，一旦成长为省级干部，就具备了当选中央候补委员和中央委员的资格①，而政治局委员以及政治局常委需要经过中央委员的选举投票产生。十八大中央委员会和中央纪律检查委员会的委员的产生

① 以十九大中央候补委员和中央委员为例，十九大中央候补委员 172 名，中央委员 204 名。参考新华社．十九大受权发布：中国共产党第十九届中央委员会委员名单［EB/OL］．2017 - 10 - 24［2017 - 12 - 24］．http：//news. xinhuanet. com/politics/19cpcnc/2017 - 10/24/c_1121848878. htm，新华社．十九大受权发布：中国共产党第十九届中央委员会候补委员名单［EB/OL］．2017 - 10 - 24［2017 - 12 - 24］．http：//news. xinhuanet. com/politics/19cpcnc/2017 - 10/24/c_ 1121848883. htm.

就是经过了复杂的遴选过程。[①] 中央考察组在42800余人的范围内进行民主推荐，最终确定727名考察对象，而后又进一步确定预备人选。这一过程充满了层层考察、充分酝酿和多方协商。[②]

实际上，一旦当选中央候补委员就具有了成为党和国家领导人或政治接班人（部委或省级地方）的资格；而在此之前，要先成为中央候补委员的考察对象和预备人选。而这就进一步凸显了市委书记岗位的重要性，而作为市委书记的另选对象来源，市长这一职位的重要性就不言而喻，因此，市长往往要在经历多地任职的经验之后，才能获选市委书记。图6.3和图6.4比较了县区级和地市级官员干部提拔的决定性因素，相同的因素有三个，分别是经济发展、平衡各方利益以及政策创新能力，不同的是县区级官员提拔也看重年龄和学历，而地市级官员提拔则看重资历。这里的资历，就是多地任职和锻炼的能力，这既是地方主要领导执政能力的要求，更是作为党的高级干部必须的政治素养。

官员层级分流中的关键节点应该不止这两个。周雪光（2016）虽然提出了“官吏分途”和“层级分流”，但目前的工作尚未指出“流动的官”和“固守的吏”发生分化的关键岗位节点，也没有指出“流动的官”内部的关键职位节点有哪些，更未指出这种关键节点背后所蕴含的中国官员体制的政治意义。而本书对G省省市县（区）主要党政领导官员实际任期与流向的研究则发现了市长

① （佚名）．中央派60多个考察组　各地提出中央委员遴选对象［N/OL］．南方都市报．2012－11－15［2013－01－17］．http：//news.sohu.com/20121115/n357640452.shtml

② 刘舒凌．十九大十九问：中央委员是如何产生的？［N/OL］．中国新闻网，2017－10－23［2018－02－23］．http：//www.chinanews.com/gn/2017/10－23/8358905.shtml

和县（区）委书记这两个关键职位节点。这为该研究话题的后续研究提供了思考视角，本书集中于讨论官员任期与投资增长的“三上二下式倒 U 形”分布，关于官员层级分流的其他关键节点以及更大样本量的实证检验将另辟文研究，此处暂不赘述。

第7章 结论与政策建议

7.1 主要结论

地方官员政治任期与投资增长之间呈现怎样的关系特征？本书从中国政治商业周期的理论视角出发，集中关注于地方官员的政治任期变动与投资增长的变化。本书的研究努力主要体现在五个方面。第一，基于1978—2012年中国省级全社会固定资产投资的面板数据进行了计量分析，证实了：在一届政府五年任期中，统计上存在地方官员任期与投资增长呈现“三上二下式倒U形”分布的关系特征，即前三年投资增长较快，后两年逐渐回落。而且稳健性检验部分，逐一对这七个五年小政治周期做了检验，除三次外部冲击所在的政治周期，其他四次都显著性存在“三上二下式倒U形”分布特征。这三次外部冲击所在的政治周期也存在非常显著的差异，对“三上二下式倒U形”扭曲最严重的是1998—2002年这个五年小周期，这主要是当时中央政府采取“扩大内需”的应对政策所致。

第二，紧接着分别用1983—2012年中国全社会固定资产投资的实际年增长率做了验证，发现 1983—1987 年和 2003—2007 年这两个小政治周期非常直观的呈现出“三上二下式倒 U 形”分布的结构特征，1993—1997 年是例外，这主要是由于当时中央政府强令地方政府缩减投资以降低通胀水平，实现“经济软着陆”所致，但计量模型中确是显著的，这意味着“三上二下”在地方仍然发挥着切实作用，而 1988—1992 年、1998—2002 年以及 2008—2012 年受三次外部冲击影响，表现存在差异性影响。来自 G 省 1978—2012 年的全社会固定资产投资年增长率数据与全国数据结论保持一致，1983—1987 年和 2003—2007 年这两个小政治周期非常直观地呈现出“三上二下式倒 U 形”分布的结构特征；此外，在 2008—2012 年的数据中，2012 年的全社会固定资产投资增长率呈现了显著的上升，这验证了模型的预测结论，也强化了计量模型的科学性；G 省 A 市 2003—2016 年的全社会固定资产投资增长率数据同样也证实了“三上二下式倒 U 形”分布的存在，特别是 2003—2007 年，这与全国以及 G 省的数据结论一致。

第三，如何理解“三上二下式倒 U 形”分布的特征呢？这主要是由地方政府官员的实际任期引起的。目前已有研究注意到了这一问题，但本书通过扎实的地方主官实际任期数据统计、问卷调查和案例统计进一步证实了这一点。本书编码了 1978 年至 2018 年 16000 余名地方主官的实际任期，这包括了省委书记、省长、地市委书记、地市长、县区委书记和县区长等，统计结果显示这 16000 余名地方主官的实际任期约为三年。笔者所建数据库是目前同类研究中数据量最大的数据库。同时，本书对 159 位西部省份县处级以上地方官员的问卷证实了地方官员任期制约束普遍难以奏效，县区级、地市级和省级主要党政官员的实际任期预期都难以做到五年，县区级官员的实际任期预期基本上三年，东部发达地区可能更短；同时，绝大多数的问卷对象认为官员任期与投资增长的“三上二下式倒 U 形”在实际中较普遍，这也进一步从经验观察上证实了统计发现。问卷调研也证实了发展经济的能力对于县区级和地市级官员的提拔具有重要影响。

第四，对 G 省 2003—2012 年全省省级、市级和县区级主要党政官员的实际任期进行了整理分析。G 省地处华南，属于中西部省份，对该省地方官员实际任期的统计分析具有很强的可推广性，此外其投资增长情况与全国保持一致，很具有典型性。分析结果显示：省委书记和省长的平均任期在 5 年左右，基本满任；市委书记平均任期是 45 个月，不足 4 年；市长平均任期是 41 个月，不足 3.5 年；县（区）委书记平均任期 34 个月，不足 3 年（即 36 个月），县（区）长平均任期 31 个月，接近 2.5 年（即 30 个月）。G 省地方官员的实际任期同这 159 份问卷所测量的地方官员实际任期的预期基本吻合。有力地证实了地方官员实际任期的“缩水”。这也提高了研究的外部效度。此外，G 省市长这一群体在省市县（区）三级主要党政官员中具有最低的晋升占比、最高的平调占比，其次是县（区）委书记，这个发现同周雪光（2016）所提出的“层级分流”假说的预测存在“偏误”。这一发现有助于修正该假说。

第五，对 G 省 A 市进行了深入的田野调查，在案例分析中深入到官员微观激励动机和分析，剖析“三上二下式倒 U 形”分布的形成机制。对 A 市重点分析了三个案例，具体考察了局级、处级和科级干部在实际任期预期及项目投资的关系特征分布约束下的行为方式及心态动机：退路—活路心态。“为自己谋退路，给别人留活路”在官员认识上具有共识，不恋位、争取有效政治流动以实现晋升；一旦在现在岗位上遭遇重重阻力，难以做出成绩，就争取尽快流动到下一岗位上。传统上认为，官员晋升是零和博弈，但G省A市的案例显示这种博弈呈现更多的合作性特征，即为下级或同级“腾位子”；以往的晋升锦标赛假说强调晋升是官员个人目标函数，但A市的调研却发现官员个人是被政治晋升秩序推着走。A市的调研有助于修正目前的晋升锦标赛假说。

综合以上，本书总结出了地方官员实际任期与投资增长“三上二下式倒U形”分布的形成机制。具体而言，这套机制包含了三种力量：一种“促进”力量体现了地方官员投资的政治激励（主要是地方竞争和政治晋升的激励），另一种“收紧”力量也反映了地方官员所面临的约束限制条件（主要是中央防通胀的政治压力、控制地方债务额度限制以及换届敏感期“查漏补缺”，防止“一票否决”），第三种来自地方官员自身的心态，即“为自己谋退路，为他人留活路”，不恋位、不激化矛盾，实现流动或晋升。其中，地方官员的“退路—活路”心态在以往的研究中被忽视了。

此外，本书还有其他两点有趣的研究发现：①面板模型验证了三次大型外部政治经济冲击对“三上二下式倒U形”分布的差异性扭曲作用，其中，1997—1998年亚洲经济危机冲击最为剧烈，而中央政府面对经济危机冲击所采取的差异性应对政策也会产生显著性差异影响，特别是，1998年亚洲金融危机时中央政府采取了“刺激内需”的政策，而2008年美国次贷危机时中央政府采取了“扩大投资”的政策；②地方自主性具有深刻的社会经济和政治来源，地方政府同样是具有理性诉求的利益主体，中央—地方关系的调整需要更细致地考量地方政府的角色定位和功能发挥，地方官员的理性效用函数，特别是其微观的心态动机值得深思。在理论贡献方面，还有助于修正周雪光（2016）提出的“官吏分途”和“层级分流”假说以及晋升锦标赛假说（周黎安，2004），并有助于加强对公务员队伍专业化建设的研究（蓝志勇和胡威，2012）。

7.2　政策展望

从中国地方官员实际任期的角度，本书指向了三种担忧：①过快的干部流动会刺激地方主官的政策短视，诱发机会主义；②关于干部任期和异地交流的党纪和法律规定中的冲突之处亟待明确；③干部心态需有效引导。

第一，改革开放以来，中共中央政府确立了能力导向型的干部选拔机制，以此激励地方主官发展经济的主动性，成效显著。但随着地方主官政治流动加快，五年一任的任期制在实际政治实践中缩水，并逐渐形成了“三年之政”。这加剧了地方主官的机会主义，一定程度上带来了“大拆大建”和“唯 GDP 主义”，有些地方主管也忽视了生态环保和民生扶贫等问题。这对深化政治体制改革带来了巨大挑战，对进一步深化改革、释放制度红利也带来了消极影响，特别是阻碍了服务型政府转型等政府自身变革。

第二，干部任期和异地交流的党纪和法律规定应保持内在一致性。高国舫（2006）指出党政领导职务任期制的制度存在一些漏洞；党政领导职务任期制有时候被“形式化”。而干部任期在党章和法律规定方面也存在一些冲突之处，以乡科级干部任期为例。乡镇属于完整的一级地方政府，按照《中华人民共和国宪法》和《中华人民共和国地方各级人民代表大会地方各级人民政府组织法》的规定，乡镇干部任期应该是五年；但若根据《中国共产党党章》规定，作为党的基层委员会，任期又是弹性的三年至五年。为解决这个矛盾，2006 年中共中央办公厅印发的《党政领导干部职务任期暂行规定》规定：各省级党委自主决定辖区乡（科）级党政领导干部任期制度。这就造成了各地在执行上的巨大差异，有的地方把乡（科）级官员任期统一为五年，有的地方规定为三年，这就带来了各地执行上的混乱。而且，从法治政府的角度看，要坚持任期制的完整性，但从党管干部的角度看，又要加强干部交流和历练培养，这就带来了具体实施细则上的冲突，进而造成了地方各级官员实际任期往往不满届的情况。

第三，谨防地方官员心态变化。党的十八大以来，一些地方官员滋生了“为官不易”的情绪，进而出现了“为官不为”的现象。郝春禄（2015）归纳了十二点，具体涵盖了官员不作为、反腐恐惧、政绩观偏差、班子不团结、政治风气不畅等。

中国政治商业周期中的官员晋升逻辑的新特点，特别是党的十八大以后呈现的变化，将成为后续的研究话题。除政治视角外，经济和文化的视角同样重要。对地方性银行信贷管理的研究要放在财经官僚的成长路径以及信贷管理的技术操作的双重路径下进行分析。贷款不仅仅是简单的会计问题，在数字背后有着更丰富的内涵。同样，需要对儒家文化传统对于地方政府的影响进行更加精细的考察，这都构成了后续研究的重点。

7.3 政策建议

第一，弹性官员任期管理似乎已刻不容缓。中国地区发展的高度复杂性和差异化决定了“一刀切”似的官员人事管理已不能充分满足经济社会发展的差异性需求。大量实证研究发现，在五年的名义任期下，省市县三级书记及行政首长的实际任期存在显著差异，具体而言，省长和省委书记任期在4.5年，市长和市委书记任期在3.7年，县长县委书记任期在2.6年；且书记的任期要长于行政首长。既然省、市、县官员的实际政治任期存在显著的差异，弹性官员任期管理就显得特别必要：如果省级官员的任期考核仍以5年为界，似乎市级官员的任期考核应调整为4年，而县级官员的任期考核应调整为3年。

第二，与弹性官员任期管理相配套的是官员绩效考核标准的差异化。长期以来，中国行政区划中的职责同构（朱光磊和张志红，2005）备受批评，但一直缺乏实质性突破。2010年国务院印发《全国主体功能区规划：构建高效、协调、可持续的国土空间开发格局》，中央政府提出了主体功能区开发的思路。国家主体功能区规划的出台是对国土开发利益结构的深刻调整，其政策含义在于，各地因地制宜，并不一窝蜂地均质化推行高强度的工业化和城镇化开发。这意味着单纯"以GDP论英雄"已经过度简化了对官员"能力和政绩"的考核，对中西部贫弱地区的官员也是不公平的。

第三，更加清晰的干部考核晋升机制亟待建立。国土开发秩序不应在各地都追求均质化的面面俱到，而应考虑更加灵活的功能区建设，有两个思路值得借鉴：其一，在新疆维吾尔自治区，作为党政机关的自治区党委政府以及兵团长期共融发展，兵团就是典型的功能主体；其二，从国家级到省级、市级、县级、乡镇级，乃至村级开发区，也构成了功能区的发展思路。在中央政府和省级地方政府之间或者在省级地方政府与市级地方政府之间筹划主体功能区考验了政治家的智慧。而对于主体功能区则要单独制定干部考核晋升标准，同时，随着主体功能区的深入，各地方的干部考核晋升机制也不再适合"一刀切"。

第四，加强对党政领导干部任期和流动的顶层设计。目前，

《中华人民共和国宪法》《中华人民共和国公务员法》《中华人民共和国地方各级人民代表大会地方各级人民政府组织法》等法律规定，同《中国共产党章程》《党政领导干部选拔任用工作条例》《党政领导干部职务任期暂行规定》《党政领导干部交流工作规定》和《党政领导干部任期回避暂行规定》等党规文件，在官员任期和流动方面存在诸多含混不清之处，这不利于中国干部管理体制现代治理质量的提升，甚至有损中央关于干部选任的权威。中共十九大强调全面依法治国，特别应该从加强党政领导干部任期和交流的顶层设计做起，地方官员的任期制更应该“身体力行”，巩固全面依法治国的权威基础。此外，西方盛行“政治—行政”二分，而中国的情况对应“政治家—守民官—行政官/事务官”，对于政治家应侧重于党政主要领导干部的培养和锻炼，以确保政治传承；而对于守民官和行政官/事务官，似乎应加强职级和薪酬激励，为了防止在任时的枉法和贪腐行为，似乎可以建立和完善高额退休金的“延时支付”，即对达到考核要求的“守”和“吏”在其退休后予以高额的退休金奖励。

7.4 研究创新点

第一，研究结论的创新性，率先提出了地方官员政治任期与全社会固定资产投资之间“三上二下式倒 U 形”分布关系。本书基于 1978—2012 年中国分省面板数据的实证研究，证实了中国模式中所存在的稳定的政治商业周期机制，深刻揭示了“倒 U 形”分布并阐释了其机制内涵与因果关系。这揭示了地方官员实际任期对投资增长的重大影响，对于观察中国政商关系以及更微观的行为主体活动提供了很好的视角，对完善中国地方官员任期制改革的政策调整也提供了有益的研究支持。

第二，研究资料，特别是数据来源的多样性。根据“三角验证”的原则，采用了多数据来源，如统计计量分析、访谈、问卷调查、典型案例分析和扎根研究等，不仅追求统计方法上的相关性，更深入因果机制的探讨。特别是采用历史分析的视角，确保制度分析的延续性和完整性。研究资料具有较高的效度，确保了研究测量的准确性，提升了研究结论的可推广性。

第三，提出官员“退路—活路”心态的观察视角。理解中国投资增长现象要深入官员行为分析，而探究官员行为特征则要深入微观的心态动机研究。对 A 市的扎根研究中发现，“为自己谋退路，给别人留活路”是地方干部心中较普遍的认知。这种心态的形成既源自组织规定“一届任期内干部调整最多不超过一次”，更源自地方性知识，特别是部门政治“密码”。地方政府盛行“争而不破”，这是地方“规矩”，而打破该“规矩”的人，要么离开本地，要么其工作和生活将深受影响。对于“三上二下式倒 U 形”分布的形成机制，抛开制度性影响不谈，官员“退路—活路”心态更是发挥着深刻作用。这也启发了对中国地方政府和官员行为的研究，应深入其微观激励动机，特别是心态的分析。

7.5　研究不足与展望

本书主要关注政治视角的解释，特别是官员实际任期对投资增长的内在影响。对于经济视角，特别是地方性银行信贷管理以及文化视角涉及较少。然而这两个视角也构成了研究中国地方投资增长的有益探索。特别重要的是，后续对“晋升锦标赛”理论的修正以及对中国官员流动管理体制的完善。

经济的视角，地方性银行信贷管理。凯恩斯在《就业、利息和货币通论》一书的序言中指出，资本主义的经济周期是由资本投资回报率所决定。中国政治商业周期的特征形成离不开银行信贷管理制度，特别是地方性银行。银行的核心功能是吸收社会存款，然后以放贷的形式转化为投资，因此银行既是“抽水泵”，又是“供水机”。中国经济发展进程中，储蓄率一直居高不下，高储蓄率之谜也由此而来。不可否认的是，高储蓄率保障了高水平的边际投资率，支撑了高速、大规模的投资，进而短期内极大改变了社会经济环境面貌。

就银行体系而言，政策性银行和五大国有银行属于中央性银行，服务于中央政府的宏观调控职能，而省域商业银行和城市农商银行等均属于地方性银行，服务于地方政府的经济发展职能。当然伴随着银行改革的深入推进，政策性银行和五大国有银行在全国各地方所设立的分支行等，日益重视对本地方经济发展的促进作用，一个显著的表现在于信贷额度的提高以及存贷比的逐渐放松。对于银行而言，贷款额度是项目投资的重要来源。但投资经理和银行家们在银行技术管理指标的约束下，往往会倾向于为2—3 年的中短期项目提供融资担保等金融服务；对于 3—5 年的中长期以及 5 年以上的长期贷款地方性银行往往无法给予相应的金融支持，因而这些项目往往会通过国家发改委立项，或者向政策性银行及五大国有银行申请贷款支持。从地方性银行提供的项目贷款现金流的周期看，2—3 年的项目周期具有较大的普遍意义，这也进一步支持了中国政治商业周期的结构性特征。

东亚奇迹进程中儒家文化传统发挥了巨大作用。缘于涩泽荣一的“算盘加《论语》”，儒家传统文化强调的勤勉、节俭和信用等被认为有助于企业家改善企业经营，同时促进资源更有效地被配置。特别指出，儒家文化强调“崇俭黜奢”。具体而言，①以“礼”的等级性判定社会行为方式的伦理性。统治阶级与平民百姓在“吃、穿、住、行、用”等方面存在严格的区别，奢侈消费是统治阶级的特权。②以“仁义”对消费行为进行伦理约束。强调仁义胜过物质生活享受。③“宁俭和知足”被赋予为消费的道德准则。奢侈会破坏道德根基。地方政府官员同样深受儒家文化传统的影响，尤其以地方主义的声誉驱动激励机制表现最突出。儒家文化重视士大夫的人格修养，主张“内圣外王”“由近及远”，所谓“格物致知、修身齐家、治国平天下”，即强调从提高个人能力和素质做起，学而优则仕。地方主义指的是官员更重视辖区内的利益，因此改革开放进程中地方经济长期盛行，1994 年分税制改革前期甚至有“诸侯国”的说法。长期以来，省与省之间和省内的市场分割、地方保护主义长期盛行，这都源自地方主义。

传统的治理思维深刻存在于地方政府。县及以下的基层政府盛行自我管理，特别是推崇基于宗族和礼法的乡绅治理。县级主官作为中央政府在基层的代理人，虽然要向中央政府负责，但也要面向辖区广大的民众，一个离任时获赠“万民伞”以及有着良好官声民望的县级主官既会赢得中央政府更高的任用，也会积累更高的民望、民意，有助于享受安稳的退休生活甚至荫及子孙。这种声誉驱动型的激励机制，在当下地方治理中仍属常见。特别是当基层官员流动缓慢、升迁困难时，尤其注重巩固其在辖区内的影响和根基。这是典型的伦理秩序与权利人格相互融合的产物，它以形式上的血缘、亲缘关系濡化了行政关系，增强了官民关系中的相互认可，使民众更乐于服务，也使地方官员更珍视声誉和民望。这种源自文化的力量保证了即便在官员获知自己将外调或升迁时，也不会放任经济下滑或投资停滞，虽然在完整政治周期的后一两年内，投资规模或经济增速有所下滑，但不至于出现剧烈的直线下降。这也确保了虽然在经济周期中，经济发展会出现波动，但较少存在剧烈的大起大落，中国经济增长的稳定性得以有效保障。

本书填补了中国政治激励对经济增长的影响过程机制的研究空白。通过扎实的研究提出，在一届政府五年任期内，官员任期同投资增长存在“三上二下式倒U形”分布的结构特征，这套结构特征主要是由地方官员实际任期引起的。而这都是在中央和地方政府行为默契的激励结构设置之下所完成的，理性的政治家懂得“顺势而为”，这似乎可以来回答“中国做对了什么”这个问题。

本书对G省官员的去向研究有助于修正周雪光（2016）提出的“层级分流假说”，对A市的田野调查研究有助于修正晋升锦标赛理论。特别是后者，传统上该理论认为，官员政治晋升是其个人的目标效用函数，官员“热衷于谋求晋升”；但A市的案例中，并非如此，官员晋升不仅仅是个人的事情，而是在官员晋升秩序的引导下，官员被推着走，是无可奈何的行为选择；政治晋升也并非零和博弈，而是合作性博弈，只有某官员升迁或平调了，才能腾出位子，为后来人的流动提供机会。

此外，后续研究倘若能建立全国县处级以上官员的流动数据库，并结合清朝吏治体系的研究，可以建立全国县处级以上领导干部职位表，这有助于目前中国干部流动管理体制的完善，提升中央官制的现代治理质量。特别重要的理论发展在于中国官员治理体制不同于西方盛行的“政治—行政”二分的模型，而似乎是“官—守—吏”三分，即“政治家—守民官—行政官/事务官”，其中政治家主要是党政领导干部，通过广泛的锻炼和历练，提高其应对复杂问题的能力，以确保政治传承以及政治稳定。守民官和行政官/事务官的激励机制，更应侧重于职级和薪酬，为了实现有效激励，特别是防止其出现枉法和贪腐等行为，在其到达退休年龄后，应进行考核，如果考核合格，则给予高额的退休金以做奖励，确保其享受高质量的晚年退休生活。这就是“延时支付”制度。通过“官—守—吏”三分，可以为官员设置不同的激励结构，矫正其行为，以促进中国经济发展以及改善现代治理质量。

本书的主要理论贡献集中在两个方面。第一，用中国故事修正了西方政治商业周期理论。目前政治商业周期理论（Gonzalez，1999；Alt 和 Lassen，2004；Brender 和 Drazen，2005）认为，民主程度是决定因素，且民主化程度过高和过低的国家，政治商业周期表现均不显著，而新兴民主国家表现最显著。本书基于中国的研究证实，民主程度并非决定因素，官员激励结构是关键，中国做对了官制激励，所以中国取得了经济奇迹。中西方政治商业周期理论具有共同的逻辑归宿，即官员行为逻辑的理性化。第二，单一制的历史延续确保了中国政治演化的历史惯性。基于地方官员任期有三个基本的小结论：①省级官员（5 年）比市级官员（4 年）多一年，市级官员比县级官员（3 年）多一年；②（省/市/县）党委书记比行政首长多 0.5 年；③明清县官实际任期同样不足 3 年。这就回归到中国单一制的历史制度延续。

两个不对称性是理解中国地方政府层级架构以及中国政治秩序演化的关键。这两个不对称性分别是权力不对称性和信息不对称性。中国政府层级中的权力是自上往下层层授予的，是典型的多层委托代理问题。其中，权力不对称性指的是，上级权力大于下级权力，下级权力来自上级的授予；信息不对称性指的是，下级比上级更接近百姓，下级比上级掌握了更多的地方性知识。中国治理的基础因此呈现出两个显著特征：上级比下级掌握更多的权力，但下级比上级掌握更多地方信息。为了维系政治秩序的稳定，在任期上，上级官员要比下级官员拥有更长的实际任期，这就保证了上级政府对于下级政府拥有更多的自由裁量权，特别是人事调控上的自主性。

做两个极端的假设进行逻辑反推。如果上下级权力对称，皆来自法治，特别是任期制能得到完整执行，每一级地方官员一届任期5年能够得到实际执行，则单一制势必滑向联邦制。这是因为上级政府将失去对下级官员人事调控的自主权，进而上级政府调控下级政府的能力将大大被削弱，地方行为将更多地“依法行政”。如果上下级信息对称，特别是上级政府运用技术和制度获取的地方性知识能力足以优于下级政府，则市级政府和乡镇政府在编制上均可以取消，省直管县将得以实现，政府扁平化治理结构得以形成。

中国地方各级官员的实际任期确保了单一制的历史延续，巩固了政治秩序的稳定。从历史经验看，如无剧烈冲击，在古代社会主要是外族入侵或农民起义，单一制确保了中国政治秩序稳定，内部地方叛乱多数难以成功挑战中央政府统治权威。而在今天，随着全球化的加深，国际经济危机对中国政治秩序的冲击力值得警惕。中国政治秩序的演化有自身的独特逻辑，这是历史惯性的力量，其中地方官员的实际任期对单一制的巩固和维护尤为关键。地方官员实际任期对中国政治发展的深刻意义将日益凸显。

参考文献

[1] AARON W, NAOMI C. The new politics of the budgetary process: 5th ed. [M]. Beijing: Peking University Press, 2006: 29.

[2] ADI B and ALLAN D. Political budget cycles in new versus established democracies [J]. Journal of Monetary Economics, 2005 (7): 1271 -1295.

[3]ALESINA A F, COHEN G D and ROUBINI N. Macroeconomic policy and elections in OECD democracies [J]. Economics and Politics, 1992 (4): 1 -30.

[4] ALESINA A and ROUBINI N. Political cycles in OECD economies [J]. Review of Economic Studies, 1992, 59 (4): 663 -688.

[5] ALLAN D. The political business cycle after 25 years [J]. NBER Macroeconomics Annual, 2000 (15): 75 -117.

[6] ALT J, LASSEN D. The Electoral cycle in debt is where you can't see it: fiscal transparency and electoral policy cycles in advanced industrialized

democracies. Unpublished manuscript, 2004.

[7] AMES B. Political survival: politicians and public policy in Latin America [M]. Los Angeles: University of California Press, 1987: 1-5.

[8] BECK N. Elections and the fed: is there a political monetary cycle? [J]. American Journal of Political Science, 1987, 31: 194-216.

[9] BERTRAND M, KRAMARZ F, SCHOAR A, etc. Politicians, firms and the political business cycle: evidence from France [C]. Working paper, Chicago University, 2007-02-16.

[10] BLANCHARD O and SHLEIFER A. Federalism with and without political centralization: China versus Russia [C]. IMF Staff Papers, 2001, 48: 171-179.

[11] BUNCE V J. The succession connection: policy cycles and political change in the Soviet Union and eastern Europe [J]. The American Political Science Review, 1980, 74 (4): 966-977.

[12] CHENG C Y. China's economic development: growth and structural change [M], Boulder, Colo: Westview Press, 1982: 323.

[13] CHRISTINE W. Financing local government in the People's Republic of China [M]. Hongkong: Oxford University Press, 1997: 17-36.

[14] DITTMER L, WU Y S. Leadership coalition and economic transformation in reform China: revisiting the political business cycle [C] //Lucian W P, DITTMER L, LIU G L. China's deep reform: domestic politics in transition. Lanham: Rowman & Littlefield Publishers, 2006: 25-48.

[15] DRAZEN A. The AFPM model of the political business cycle：theory and evidence [C]. University of Maryland, Working Paper, 2001.

[16] ECKSTEIN. Economic fluctuations in Communist China's domestic development [M] //Ho P T and TANG T. China in crisis：China's heritage and the Communist political system. Chicago：University of Chicago Press, 1968：693.

[17] ERIC M, QIAN Y Y, XU C G. Incentives, information, and organizational form [J], Review of Economic Studies, 2000, 67 (2)：359 -378.

[18] FRANCESCO L and FABIO P. The political legislation cycle [J]. Public Choice, 2008, 134 (3)：201 -229.

[19] FAIR R C. The effect of economic events on votes for president [J]. Review of Economics and Statistics, 1978, 60 (2)：159 -172.

[20] FAUST J, IRONS J S. Money, politics, and the post-war business cycle [J]. Journal of Monetary Economics, 1999, 43 (1)：61 -89.

[21] GABRIELLA M, QIAN Y Y, BARRY R, etc. Federalism, Chinese style：the political basis for economic success in China [J]. World Politics, 1995, 48 (1)：50 -81.

[22] GUO G. China's local political budget cycles [J]. American Journal of Political Science, 2009, 53 (3)：621 -632.

[23] GARFINKEL M, GLAZER A. Does electoral uncertainty cause economic fluctuations? [J] American Economic Review, 1994, 84：169 -173.

[24] GONZALEZ M. Political budget cycles and democracy: a multi-country analysis [C]. Department of Economics, Princeton University, Working Paper, 1999.

[25] HENRY O, ANDERS V. Political cycles and cyclical policies: a new test approach using fiscal forecasts [J]. The Scandinavian Journal of Economics, 1996, 98 (2): 203-218.

[26] HIBBS D A. Political parties and macroeconomic policy [J]. American Political Science Review, 1977, 71 (4): 1467-1487.

[27] HUANG Y S. Inflation and investment controls in China [M]. Cambridge: Cambridge University Press, 1996: 1-15.

[28] NIE H H, JIANG M J, WANG X H. The impact of political cycle: evidence from coalmine accidents in China [J]. Journal of Comparative Economics, 2013, 41 (4): 995-1011.

[29] JAMES E A and DAVID D L. Transparency, political polarization, and political budget cycles in OECD countries [J]. American Journal of Political Science, 2006, 50 (3): 530-550.

[30] JANE D. The entrepreneurial state in China: real estate and commerce departments in reform era Tianjin [M]. New York: Routledge, 1998: 273.

[31] JIA R X, KUDAMATSU M and SEIM D. Complementary roles of connections and performance in political selection in China [C]. Center for Economic Policy Research, Stockholm University, Discussion Paper, 2013, 9523.

[32] KENNETH A S. The politics of the political business cycle [J]. British Journal of Political Science, 1995, 25 (1): 79-99.

[33] KENNETH R. Equilibrium political budget cycles [J]. The American Economic Review, 1990, 80 (1): 21 -36.

[34] KRAMER G H. Short-term fluctuations in U. S. voting behavior, 1896 - 1964 [J]. American Political Science Review, 1971, 71 (3): 131 -143.

[35] KUNAL S and RAJENDRA R V. Political budget cycles in India [J]. Economic and Political (Weekly), 1996, 31 (30): 2023 -2027.

[36] LEWIS B S. Economics and Elections [M]. Ann Arbor: University of Michigan Press, 1988: 1 -15.

[37] LI H B, ZHOU L A. Political turnover and economic performance: the incentive role of personnel control in China [J]. Journal of Public Economics, 2005, 89 (9): 1743 -1762.

[38] LI Y N. China's political business cycle [D]. Stockholm University, Working Paper, 2011.

[39] LIN N. Local market socialism: local corporatism in action in rural China [J]. Theory and Society. 1995, 24 (3): 301 -354.

[40] LINDA V and Francisco V. Political business cycles at the municipal level [J]. Public Choice, 2007, 131 (1): 45 -64.

[41] LOREA G B, GEORGE A, MARCELA E, etc. Do political budget cycles differ in Latin American democracies? [J]. Economía, 2011, 11 (2): 101 -146.

[42] LOWELL D and Wu Y S. The Modernization of factionalism in Chinese politics [J], World Politics, 1995, 47 (4): 467 -494.

[43] MADSEN H. Electoral outcomes and macro-economic policies: the Scandinavian cases [C] //Whitely P. Models of political

economy. London: Sage, 1980: 15 -46.

[44]MARC B, VIVIENNE S. Into leather: state-led development and the private sector in Xinji [J]. The China Quarterly, 2001, 166: 368 -392.

[45] ANDRES M A and MICHAEL C. Political determinants of fiscal discipline in Latin America, 1979—1998 [C] //Paper presented for the International Congress of the Latin American Studies Association. Washington, 2001 (9): 5 -8.

[46] GREGORY N M. The inexorable and mysterious tradeoff between inflation and unemployment [J]. Economic Journal, Royal Economic Society, 2001, 111 (5): 45 -61.

[47] NISKANEN W A. Bureaucracy and representative government [M]. Chicago: Aldine - Atherton, 1971: 43 -67.

[48] NORDHAUS W D. The political business cycle [J]. Review of Economic Studies, 1975, 42 (2): 169 -190.

[49] NOVE A. The economics of feasible socialism [M]. Boston: Allen & Unwin, 1983: 31 -65.

[50] OI C J. Fiscal reform and the economic foundation of local state corporatism in China [J]. World Politics, 1992, 45 (1): 118 -122.

[51] OI C J. The evolution of local state corporatism [C] //OI C J, Andrew G W. Zouping in transition: the process of reform in rural north China. Cambridge: Harvard University Press, 1998: 61.

[52] OI C J. Local state corporatism [M] //OI C J. Rural China takes off: institutional foundations of economic reform. Berkeley, CA: University of California Press, 1999: 99 -126.

[53] PENG Y S. Chinese villages and townships as industrial corporations: ownership, governance and market Discipline [J]. American Journal of Sociology, 2001, 106 (5): 1349 –1361.

[54] QIAN Y Y. How reform worked in China [D]. William Davidson, Working Paper, 2002.

[55] QIAN Y Y, BARRY R W. China's transition to markets: market-preserving federalism Chinese style [J]. The Journal of Policy Reform, 1996 (1): 149 –185.

[56] ROEDER P G. Do new soviet leaders really make a difference? rethinking the succession connection [J]. The American Political Science Review, 1985, 79 (4): 958 –976.

[57] ROGOFF K. Comment on macroeconomics and politics [C] //Stanley F. NBER Macroeconomics Annual. Cambridge: The MIT University Press, 1988 (3): 52 –56.

[58] RUIXUE J, MASAYUKI K and DAVID S. Complementary roles of connections and performance in political selection in China [D]. CEPR Discassion Papers, 2013.

[59] TAO Y F. The evolution of "political business cycle" in post – Mao China [J]. Issues & Studies, 2006, 42 (1): 163 –194.

[60] SHANNA R. Do fiscal rules dampen the political business cycle? [J]. Public Choice, 2006, 128 (3): 407 –431.

[61] SHEFFRIN S. Evaluating rational partisan business cycle theory [J]. Economics and Politics, 1989 (1): 239 –259.

[62] SHI M, SVENSSON J. Political budget cycles: do they differ across countries and why? [J]. Journal of Public Economics, 2006, 90 (8 –9): 1367 –1389.

[63] Shih V, ADOLPH C and LIU M X. Getting ahead in the Communist Party: explaining the advancement of central committee members in China [J]. American Political Science Review, 2012, 106 (1): 166 - 187.

[64] SONJA O, STEFAN B. Networks versus performance: political leadership promotion in China [J]. Department of Economics, 2007 (1): 1 - 40.

[65] KEY V O, Jr. The lack of a budgetary theory [J]. American Political Science Review, 1940, 34 (6): 1137 - 1144.

[66] WALDER G A. Local governments as industrial firms: an organigational analysis of China's transtional economy [J]. American Journal of Sociology, 1995, 101 (2): 264 - 271.

[67] WANG L X. Managing financial crisis: a critical review of China's policy [J]. International Journal of Economics and Finance, 2010 (4): 29 - 35.

[68] WOODROW W. The study of administration [J]. American Political Science Review, 2009, 2 (1): 197 - 222.

[69] SUAN L S. The Political logical of economic reform in China [M]. Berkeley: University of California Press, 1993: 21 - 53.

[70] XU C G. The fundamental institutions of China's reforms and development [J]. Journal of Economic Literature, 2011, 49 (4): 1076 - 1151.

[71] XU Y Q and YANG Y. Informal institutions, collective action, and public investment in rural China [J]. American Political Science Review, 2015, 109 (2): 371 - 391.

[72] HUANG Y S. How did China take off [J]. Journal of

Economic Perspectives, 2012, 26 (4): 147 - 170.

[73] Yu Y D. China's policy responses to global economic crisis and its perspective on the reform of international monetary system [C]. Kiel Institution of World Economy, Working Paper, 2009.

[74] 马克斯·韦伯. 经济与社会 [M]. 林荣远, 译. 北京: 商务印书馆, 1997: 245 - 250.

[75] 弗兰克·J·古德诺. 政治与行政: 对政府的研究 [M]. 王元, 杨百朋, 译. 北京: 华夏出版社, 1987: 12 - 15.

[76] 曼瑟尔·奥尔森. 国家兴衰探源: 经济增长、滞胀与社会僵化的新描述 [M]. 吕应中, 译. 北京: 商务印书馆, 2001: 51.

[77] 莫里斯·斯迈纳. 毛泽东的中国及后毛泽东的中国 [M]. 成都: 四川人民出版社, 1992: 331 - 332.

[78] 塞缪尔·亨廷顿. 第三波——20 世纪后期的民主化浪潮 [M]. 刘军宁, 译. 上海: 三联书店, 1998: 11 - 26.

[79] 熊玠. 习近平时代 [M]. 北京: 中共中央党校出版社, 2016: 157 - 158.

[80] 迈克尔·曼. 社会权力的来源: 第二卷 [M]. 陈海宏, 等译. 上海: 上海人民出版社, 2007: 57 - 94.

[81] 约翰·梅纳德·凯恩斯. 就业、利息和货币通论 [M]. 高鸿业, 译. 北京: 商务印书馆, 2014: 329 - 345.

[82] 亚诺什·科尔内. 短缺经济学: 上 [M]. 李振宁, 张晓光, 黄卫平, 译. 北京: 经济科学出版社, 1986: 197 - 207.

[83] 曹春方, 傅超. 官员任期与地方国企捐赠: 官员会追求"慈善"吗? [J]. 财经研究, 2015 (4): 122 - 133.

[84] 曹广忠, 袁飞, 陶然. 土地财政、产业结构演变与税收

超常规增长：中国“税收增长之谜”的一个分析视角［J］. 中国工业经济，2007（12）：13－21.

［85］程体才. 县、乡级人民代表大会和村民委员会任期宜相同［J］. 人大建设，2003（6）：38－39.

［86］才国伟，黄亮雄. 政府层级改革的影响因素及其经济绩效研究［J］. 管理世界，2010（8）：73－83.

［87］陈抗，ARYE L H，顾清扬. 财政集权与地方政府行为变化：从援助之手到攫取之手［J］. 经济学（季刊），2002（10）：110－130.

［88］陈卫东，苗文龙. 政府换届，经济政策与政治经济周期［J］. 经济经纬，2010（4）：14－19.

［89］崔敏. 官员更替如何影响基础设施产业投资？［D］. 大连：东北财经大学硕士论文，2015.

［90］戴静，王红建. 政治周期驱动下的企业研发投入研究［J］. 当代财经，2017（4）：14－24.

［91］丁从明，刘明，廖艺洁. 官员更替与交通基础设施投资:来自中国省级官员数据的证据［J］. 财经研究，2015（4）：90－99.

［92］段俊宇. 省级地方官员的任期与经济增长［J］. 经济资料译丛，2016（1）：1－20.

［93］冯军旗. 中县干部［D］. 北京：北京大学博士论文，2010.

［94］冯猛. 基层政府与地方产业选择：基于四东县的调查［J］. 社会学研究，2014（2）：145－169.

［95］傅利平，李永辉. 地方官员晋升竞争、个人特征与企业投资效率：基于我国 779 家上市公司面板数据的实证分析［J］.

管理现代化，2015（2）：40－42.

［96］于春晖，邹俊，王健．地方官员任期、企业资源获取与产能过剩［J］．中国工业经济，2015（3）：44－56.

［97］高国舫．党政领导职务任期制及其制度设计探析［J］．长白学刊，2006（5）：7－11.

［98］高楠，梁平汉．晋升激励、市场化与地方财政预算周期［J］．世界经济文汇，2014（4）：103－119.

［99］耿曙，庞保庆，钟灵娜．中国地方领导任期与政府行为模式：官员任期的政治经济学［J］．经济学（季刊），2016，15（3）：893－916.

［100］顾闻．选拔制下中共政治精英流动研究［D］．上海：上海师范大学硕士论文，2015.

［101］韩强．论干部任期制法规的修改与完善［J］．中国井冈山干部学院学报，2016，3（9）：102－109.

［102］韩向民，赵斌．奥尔森的国家兴衰理论及其现实性［J］．文史哲，1999（5）：74－77.

［103］郝春禄．关于领导干部“为官不为”问题的调研报告［J］．理论界，2015（1）：27－30.

［104］何显明．市场化进程中的地方政府角色及其行为逻辑：基于地方政府自主性的视角［J］．浙江大学学报（人文社会科学版），2007，37（6）：25－35.

［105］洪银兴，曹勇．经济体制转轨时期的地方政府功能［J］．经济研究，1996（5）：22－28.

［106］黄亚生．中国模式到底有多独特：基于中国、印度、巴西经济数据的比较分析［J］．深圳大学学报（人文社会科学版），2012，29（1）：57－61.

[107] 黄宗智，龚为纲，高原．“项目制”的运作机制和效果是“合理化”吗？[J]．开放时代，2014（5）：143－159.

[108] 胡鞍钢．中国经济波动报告［M］．沈阳：辽宁人民出版社，1994：182－203.

[109] 胡鞍钢．中国“十二五”：是加快发展还是科学发展？[J]．国情报告，2010（40）：1－8.

[110] 胡鞍钢．民主决策：中国集体领导体制［M］．北京：中国人民大学出版社，2014：5－17.

[111] 纪志宏，周黎安，王鹏，等．地方官员晋升激励与银行信贷：来自中国城市商业银行的经验证据［J］．金融研究，2014（1）：1－15.

[112] 贾俊雪，张晓颖，宁静．多维晋升激励对地方政府举债行为的影响［J］．中国工业经济，2017（7）：5－23.

[113] 姜佳莹，胡鞍钢，鄢一龙．国家五年规划的实施机制研究：实施路径、困境及其破解［J］．西北师大学报（社会科学版），2017，54（3）：24－30.

[114] 姜雅婷，柴国荣．目标考核、官员晋升激励与安全生产治理效果：基于中国省级面板数据的实证研究［J］．公共管理学报，2017（3）：44－59.

[115] 蓝志勇，胡威．从莫石理论看中国公务员队伍的专业化发展与管理的趋势［J］．第一资源，2012，20：56－70.

[116] 李后建，张宗益．地方官员任期、腐败与企业研发投入［J］．科学学研究，2014（5）：744－757.

[117] 李军杰．经济转型中的地方政府经济行为变异分析［J］．中国工业经济，2005（1）：39－46.

[118] 李小群．村委会任期应延长［J］．江淮法制，2004

(8)：32.

[119] 李杨，王中兴．地方官员任期变化的经济影响与作用机制：基于地级市面板数据的实证研究 [J]．经济问题，2017 (6)：20 – 25.

[120] 李祖佩．“资源消解自治”：项目下乡背景下的村治困境及其逻辑 [J]．学习与探索，2012 (11)：82 – 87.

[121] 林挺进．中国地级市市长职位升迁的经济逻辑分析 [J]．公共管理研究，2007 (5)：45 – 68.

[122] 刘海洋，林令涛，黄顺武．地方官员变更与企业兴衰:来自地级市层面的证据 [J]．中国工业经济，2017 (1)：62 – 80.

[123] 刘佳，吴建南，马亮．地方政府官员晋升与土地财政：基于中国地市级面板数据的实证分析 [J]．公共管理学报，2012 (2)：11 – 23.

[124] 刘立昭．一个村干部视角下的三年任期：基于山西省岱狱殿村的调查 [D]．武汉：华中师范大学硕士论文，2014.

[125] 刘鹏九，王家恒，余诺奇．清代县官制度论述 [J]．清史研究，1995 (3)：37 – 47.

[126] 刘胜，顾乃华．官员任期、交流与服务业发展：自1994—2012 年数据观察 [J]．改革，2015 (1)：66 – 77.

[127] 刘欣．我国领导职务公务员横向流动问题研究 [D]．广州：华南理工大学硕士论文，2014.

[128] 龙静云．消费伦理的变迁与当代家庭消费伦理之建构 [J]．道德与文明，2006 (2)：65 – 70.

[129] 罗党论，佘国满．地方官员变更与地方债发行 [J]．经济研究，2015 (6)：131 – 146.

[130] 罗党论，佘国满，邓可斌．地方官员任期与民生投入[J]．中山大学学报（社会科学版），2015（5）：185－194.

[131] 罗中枢，王卓．我国县级主要领导人对干部人事制度改革态度的调查[J]．国家行政学院学报，2013（2）：20－26.

[132] 马亮．官员晋升激励与政府绩效目标设置：中国省级面板数据的实证研究[J]．公共管理学报，2013（2）：28－40.

[133] 毛泽东选集：第五卷[M]．北京：人民出版社，1991：325－326.

[134] 毛珣．地方官员本地化对土地违法行为的影响研究[D]．南京：南京大学硕士论文，2016.

[135] 毛珣，陈志刚，黄贤金．地方官员本地化对土地出让方式选择的影响研究：以江苏省为例[J]．现代城市研究，2016（7）：78－85.

[136] 梅冬州，王子健，雷文妮．党代会召开、监察力度变化与中国经济波动[J]．经济研究，2014（3）：47－61.

[137] 苗书梅．宋代地方官任期制初论[J]．中州学刊，1991（5）：119－124.

[138] 庞保庆，耿曙．官员任期与政绩挤压：中国政府人事的“试用期任职”[J]．学海，2016（5）：49－55.

[139] 钱先航．官员任期、政治关联与城市商业银行的贷款投放[J]．经济科学，2012（2）：89－101.

[140] 钱先航，曹廷求．钱随官走：地方官员与地区间的资金流动[J]．经济研究，2017（2）：156－170.

[141] 钱先航，曹廷求，李维安．晋升压力、官员任期与城市商业银行的贷款行为[J]．经济研究，2011（12）：72－85.

[142] 青木昌彦，凯文·穆尔多克，奥野（藤原）正宽，等.

东亚经济发展中政府作用的新诠释：市场增进论：下篇［J］．经济社会体制比较，1996（6）：48－57.

［143］渠敬东．占有、经营与治理：乡镇企业的三重分析概念：上：重返经典社会科学研究的一项尝试［J］．社会，2013，33（1）：1－37.

［144］沈德理．非均衡格局中的地方自主性：对海南经济特区（1998—2002年）发展的实证研究［M］．北京：中国社会科学出版社，2004：12－13.

［145］宋凌云，王贤彬，徐现祥．地方官员引领产业结构变动［J］．经济学（季刊），2012（4）：71－92.

［146］苏力．当代中国的中央与地方分权：重读毛泽东《论十大关系》第五节［J］．中国社会科学，2004（2）：42－55.

［147］孙伟增，罗党论，郑思齐，等．环保考核、地方官员晋升与环境治理：基于2004—2009年中国86个重点城市的经验证据［J］．清华大学学报（哲学社会科学版），2014（4）：49－62.

［148］谭之博，周黎安．官员任期与信贷和投资周期［J］．金融研究，2015（6）：80－93.

［149］陶然，苏福兵，陆曦，等．经济增长能够带来晋升吗?：对晋升锦标竞赛理论的逻辑挑战与省级实证重估［J］．管理世界，2010（12）：13－26.

［150］陶然，袁飞，曹广忠．区域竞争、土地出让与地方财政效应：基于1999—2003年中国地级城市面板数据的分析［J］．世界经济，2007（10）：15－27.

［151］田伟，田红云．晋升博弈、地方官员行为与中国区域经济差异［J］．南开经济研究，2009（1）：133－152.

［152］陶仪芬．政治权力交替与经济机会主义：集体行动与

改革时期中国政治经济景气循环［J］. 问题与研究，1995，45（3）：77－101.

［153］王达梅. 政府换届对经济周期波动的正负效应与作用机制研究［J］. 现代财经：天津财经大学学报，2007（11）：8－12.

［154］王瑞. 北宋官员任期制度研究：以宰相与知州、知府为重点［D］. 石家庄：河北大学硕士论文，2010.

［155］王绍光，樊鹏. 中国式“共识型决策”：“开门”与“磨合”［M］. 北京：中国人民大学出版社，2013：23－49.

［156］王绍光，鄢一龙. 中国民主决策模式：以五年规划制定为例［M］. 北京：中国人民大学出版社，2013：45－60.

［157］王贤彬，徐现祥. 地方官员来源、去向、任期与经济增长：来自中国省长省委书记的证据［J］. 管理世界，2008（3）：16－26.

［158］王媛. 官员任期、标尺竞争与公共品投资［J］. 财贸经济，2016（10）：45－58.

［159］魏光奇. 晚清州县官任职制度的紊乱：透视中国传统政治的深层矛盾［J］. 河北学刊，2008（2）：76－81.

［160］吴敏，周黎安. 地方政府的政治预算周期再研究［J］. 经济学报，2015（2）：33－55.

［161］吴仁安. 清代的州县官［J］. 历史教学，1986（5）：6－8.

［162］肖洁，龚六堂，张庆华. 财政支出的政治周期与激励机制［J］. 财政研究，2015（7）：6－16.

［163］徐涛. 城镇职工收入水平对经济增长的影响［J］. 中国软科学，2003（9）：55－58.

［164］徐现祥，王贤彬. 晋升激励与经济增长：来自中国省

级官员的证据［J］. 世界经济，2010（2）：15－36.

［165］徐湘林. 后毛时代的精英转换和依附性技术官僚的兴起［J］. 战略与管理，2001（6）：65－76.

［166］徐勇. 历史延续性视角下的中国道路［J］. 中国社会科学，2016（7）：4－25.

［167］鄢一龙. 目标治理：看得见的五年规划之手［M］. 北京：中国人民大学出版社，2013：171.

［168］杨继东，杨其静. 保增长压力、刺激计划与工业用地出让［J］. 经济研究，2016（1）：99－113.

［169］杨善华，苏红. 从"代理型政权经营者"到"谋利型政权经营者"：向市场经济转型背景下的乡镇政权［J］. 社会学研究，2002（1）：17－24.

［170］姚金伟. 扶持之手还是掠夺之手：中国地方政府的投资抉择研究［J］. 财经问题研究，2014（2）：3－10.

［171］姚金伟. 项目制与服务型政府转型：制度演化中的异化［J］. 中国行政管理，2016（9）：28－33.

［172］姚金伟，马大明，罗猷韬. 项目制、服务型政府与制度复杂性：一个尝试性分析框架［J］. 人文杂志，2016（4）：29－36.

［173］姚金伟，孟庆国. 地方政府职能转型的行为逻辑分析［J］. 中国特色社会主义研究，2014（6）：35－40.

［174］姚金伟，孟庆国，黄天航. 政治商业周期中的制度激励、外部冲击与官员晋升逻辑：基于1978—2012年中国分省面板数据的经验分析［J］. 公共管理评论，2014（1）：15－31.

［175］姚洋，张牧扬. 官员绩效与晋升锦标赛：来自城市数据的证据［J］. 经济研究，2013（1）：137－150.

［176］杨继东，杨其静. 保增长压力、刺激计划与工业用地

出让［J］．经济研究，2016（1）：99－113.

［177］杨其静，郑楠．地方领导晋升竞争是标尺赛、锦标赛还是资格赛［J］．世界经济，2013（12）：130－156.

［178］杨其静，卓品，杨继东．工业用地出让与引资质量底线竞争：基于2007—2011年中国地级市面板数据的经验研究［J］．管理世界，2014（11）：24－34.

［179］叶盛楠．我国基层领导干部职务任期制执行研究：对内蒙古S县乡镇一把手任期的考察［J］．党政干部学刊，2009（5）：9－11.

［180］余静雯，肖洁，龚六堂．政治周期与地方政府土地出让行为［J］．经济研究，2015（2）：88－102.

［181］余泳泽，杨晓章．官员任期、官员特征与经济增长目标制定：来自230个地级市的经验证据［J］．经济学动态，2017（2）：51－65.

［182］赵宝春．西方消费伦理实证研究述评［J］．外国经济与管理，2009（2）：38－46.

［183］张军，高远．官员任期、异地交流与经济增长：来自省级经验的证据［J］．经济研究，2007（11）：91－103.

［184］周诚．地方官员特征与财政收入周期：来自江浙两省的实证研究［D］．南京：南京大学硕士论文，2016.

［185］周黎安．中国地方官员的晋升锦标赛模式研究［J］．经济研究，2007（7）：36－50.

［186］周黎安，赵鹰妍，李力雄．资源错配与政治周期［J］．金融研究，2013（3）：15－29.

［187］周敏，毕睿罡，寇宗来．官员任期、年龄限制与地方企业投资：来自中国上市公司的经验证据［J］．产业经济研究，2017（3）：116－126.

［188］张静．基层政权：乡村制度诸问题［M］．杭州：浙江人民出版社，2000：114－139.

［189］张军，高远．官员任期、异地交流与经济增长：来自省级经验的证据［J］．经济研究，2007（11）：91－103.

［190］张军，高远，傅勇，等．中国为什么拥有了良好的基础设施？［J］．经济研究，2007（3）：4－11.

［191］周飞舟．生财有道：土地开发和转让中的政府和农民［J］．社会学研究，2007（1），49.

［192］周飞舟．从汲取型政权到“悬浮型”政权：税费改革对国家与农民关系之影响［J］．社会学研究，2006（3）.

［193］周靖祥．副省级城市发展逻辑：官员配置与增长驱动［J］．中国工业经济，2014（10）：20－32.

［194］周黎安．晋升博弈中政府官员的激励与合作——兼论我国地方保护主义和重复建设问题长期存在的原因［J］．经济研究，2004（6）：33－40.

［195］周雪光．“逆向软预算约束”：一个政府行为的组织分析［J］．中国社会科学，2005（2），132.

［196］周雪光．通往集体债务之路：政府组织、社会制度与乡村中国的公共产品供给［J］．公共行政评论，2012（1）.

［197］周雪光，艾云．多重逻辑下的制度变迁：一个分析框架［J］．中国社会科学，2010（4）：132－150.

［198］周雪光．从“官吏分途”到“层级分流”：帝国逻辑下的中国官僚人事制度［J］．社会，2016（1）.

［199］张五常．中国的经济制度［M］．北京：中信出版社，2009.

［200］折晓叶，陈婴婴．项目制的分级运作机制和治理逻辑——

对“项目进村”案例的社会学分析［J］．中国社会科学，2011（4）．

［201］郑义．基层公务员内部横向流动研究［D］．2009.

［202］朱光磊，张志红．“职责同构”批判［J］．北京大学学报（哲学社会科学版），2005，42（1）：101－112.

［203］朱亚鹏．政策创新与政策扩散研究述评［J］．武汉大学学报（哲学社会科学版），2010，63（4）：565－573.

附录：关于地方干部政治任期与全社会固定资产投资的调查问卷

尊敬的领导：

您好！感谢您在百忙之中填写该问卷。本次问卷仅用于博士论文研究，将按照《统计法》等相关法律法规保证您的隐私，不会透漏您的任何私人信息，请放心填写。再次感谢！

责任人：清华大学公共管理学院　姚金伟

第一部分：干部政治任期认知

1. 您觉得目前地方各级干部政治实际任期是多久？请在合适的范围内打√

		2.5年及以下	2.6—3年	3.1—3.5年	3.6—4年	4.1—4.5年	4.6—5年	5.1—5.5年	5.6—6年	6.1—6.5年	6.6—7年	7.1—7.5年	7.6—8年	8年及以上
县区级	书记													
	县区长													
地市级	书记													
	市长													

续表

		2.5年及以下	2.6—3年	3.1—3.5年	3.6—4年	4.1—4.5年	4.6—5年	5.1—5.5年	5.6—6年	6.1—6.5年	6.6—7年	7.1—7.5年	7.6—8年	8年及以上
省级	书记													
	省长													

2. 在您任期的前几年，您非常关心经济发展，特别是投资？（　）

A. 2　　B. 3　　C. 4　　D. 5　　E. 其他

3. 您认为任期的第几年是晋升的关键年份？（　）

A. 1　　B. 2　　C. 3　　D. 4　　E. 5

F. 其他

4. 您认为党代会举行前多久是晋升的敏感期？（　）

A. 半年　　B. 1 年　　C. 1.5 年　　D. 2 年　　F. 其他

5. 官员任期前 3 年投资力度大，后 2 年投资衰减的现象，您认为？（　）

A. 非常普遍 B. 较普遍　　C. 不普遍　　D. 不存在

第二部分：干部提拔的影响因素认知

针对下列陈述，请依据您的真实态度，在合适的选项上进行打√。

问题	完全不同意	不同意	不太同意	不确定	有点同意	同意	完全同意
A1. 县区级干部的提拔主要看年龄和学历，年轻、学历高提拔快	1	2	3	4	5	6	7

续表

问题	完全不同意	不同意	不太同意	不确定	有点同意	同意	完全同意
A2. 县区级干部的提拔主要看资历，资历越老提拔越快	1	2	3	4	5	6	7
A3. 县区级干部大提拔主要看关系，特别是血缘和姻亲	1	2	3	4	5	6	7
A4. 县区级干部提拔更看重老乡、同事、同学关系	1	2	3	4	5	6	7
A5. 县区级干部提拔更看重是否有相同的爱好和兴趣	1	2	3	4	5	6	7
A6. 县区级干部提拔更看重经济绩效和发展经济的能力	1	2	3	4	5	6	7
A7. 县区级干部提拔更看重政策创新能力	1	2	3	4	5	6	7
A8. 县区级干部提拔更看重平衡各方利益的能力	1	2	3	4	5	6	7
A9. 县区级干部提拔更看重不犯错、不担责	1	2	3	4	5	6	7

A. 您认为对县区级干部提拔具有决定性影响（写四个序号，按重要性排序）：________

问题	完全不同意	不同意	不太同意	不确定	有点同意	同意	完全同意
B1. 地市级干部的提拔主要看年龄和学历，年轻、学历高提拔快	1	2	3	4	5	6	7
B2. 地市级干部的提拔主要看资历，资历越老提拔越快	1	2	3	4	5	6	7
B3. 地市级干部大提拔主要看关系，特别是血缘和姻亲	1	2	3	4	5	6	7
B4. 地市级干部提拔更看重老乡、同事、同学关系	1	2	3	4	5	6	7
B5. 地市级干部提拔更看重是否有相同的爱好和兴趣	1	2	3	4	5	6	7
B6. 地市级干部提拔更看重经济绩效和发展经济的能力	1	2	3	4	5	6	7
B7. 地市级干部提拔更看重政策创新能力	1	2	3	4	5	6	7
B8. 地市级干部提拔更看重平衡各方利益的能力	1	2	3	4	5	6	7
B9. 地市级干部提拔更看重不犯错、不担责	1	2	3	4	5	6	7

B. 您认为对地市级干部提拔具有决定性影响（写四个序号，按重要性排序）：________

附个人信息：

1. 您的性别（　）

A. 男　　B. 女

2. 您的年龄（　）

A. 40 岁以下　　B. 41—45　　C. 46—50　　D. 51—55

E. 56 岁及以上

3. 请问您的行政职务（　）

A. 副市长　　B. 市长　　C. 市委书记　D. 副省长

E. 其他

4. 请问您的行政级别（　）

A. 县处级　　B. 厅局级　　C. 省部级　　E. 其他________

以下为简答

1. 您如何看待干部的任期制度安排，5 年名义任期和实际官员流动之间的冲突如何协调？

2. 官员政治任期和项目投资之间存在何种关联？干部招商引资和上马“大项目”的时机如何选择？其政治任期的关键节点年份如何分布？

3. 如果以 5 年名义任期做标准，您是否认为官员任期和投资之间存在何种关系？（如，头三年上后两年下或其他？）

4. 您认为干部任期是否应实行弹性管理？具体您觉得政策上应作哪些调整？

后　记

入读清华园是我一生的幸事。我在这里哭泣、成长，热烈地爱过，也深深地伤痛过。专注学业时，读文献、写论文，在静静的学院工位上，直到凌晨两三点；深冬时，踩着单车沿着至善路回宿舍，能听见厚大的法桐树和白桦树落叶的声音；所以，很自豪曾在一年之内，连续发表了10多篇CSSCI，那时平均一个月可以产出一篇。不可避免地，理论研究和计量分析做到了瓶颈，灵感快枯竭了，端坐一天，下笔无神；于是我选择到实践中汲取灵感，体会和感悟那些真实的道理。我有幸先后在国务院发展研究中心、新疆阿克苏、天津市西青区、中国投资有限责任公司实习锻炼，在这丰富的历练中，我感觉灵感又回来了，理论又有了新的生命力。我的笔又能写出新东西来了，后来一口气又写了10多篇文章。理论、数据和实践构成了我写作的三个灵感源。感谢清华给我提供了这么好的平台，让我潜心磨砺、锻炼和沉淀。

我的博士论文是用自己生命体验慢慢积累而成的。在此，特别要感谢三位恩师：张光、孟庆国和王庆新。三位恩师给予了我灵感、鼓励和自由。做本科毕业论文时，我就做到了“固定资产投资”这一话题（后来连续发了五篇CSSCI)，这是我博士论文的源头，感谢张光教授将我“引入门”；来清华大学公共管理学院读硕士时，孟庆国老师给予我最大程度的鼓励和支持，让我得以沿着这个思路，不断“舒枝展叶，开拓相关的新领域”；而当我开始博士论文撰写工作时，王庆新老师时刻督促我不断进行理论挖掘和因果机制的探索，不断指导我厘清研究脉络，并给我提供了宽容自由的研究氛围，让我受益匪浅。除恩师在理论和研究上的指导外，来自实践的生命体验和感悟，丰富了论文的血肉，特别是联想到实践中那些“真实的故事”，我就兴奋得停不下笔，感觉吃饭都是在浪费时间。当我博士论文开题时，崔之元教授看着7万多字的开题报告，兴奋而又疑惑地问我，“小姚，你这是开题，还是答辩”？那一刻，我感受到了莫大的鼓励。而当最终博士论文定稿时，我不知不觉已写了17万字。

写作博士论文的过程是一个椎心泣血、蚌病成珠的过程。蒙克老师常以“蚌病成珠”比喻文章写作：粗粝的沙砾进入了蚌的体内，蚌以柔嫩的血肉磨平其锋棱，在不断的割伤、沁入过程中，沙砾被创造成了珍珠，而在饱受折磨和摧残之后，柔嫩的舌肉终于可以与圆润的珍珠和谐共处。写作博士论文的过程中，可谓“朝思暮想、夙兴夜寐”，经常在凌晨三点左右突然在睡梦中有一个灵感闪现，然后爬起来赶紧打开电脑工作到黎明。博士论文的写作过程中，更是数易其稿，特别是在准备博士论文预答辩时，我忍痛删掉了3万字左右，只希望能保留最精华的部分。

博士论文先后得到了周雪光、蓝志勇、俞樵、王有强、殷存毅、徐湘林、郑世林、陈玲、鄢一龙和罗祎楠等老师们的指正。特别感谢俞樵老师、徐湘林老师和郑世林老师对本书理论贡献方面的启发。感谢各位老师对本书的批评和鼓励，使研究更加清晰。

十分感谢国情研究院和中国农村研究院为我提供的研究支撑和实践调研支持。这两个研究机构为本书的写作提供了大量的资料支撑，在研究探索的迷途中，使我有如获至宝之感。特别是中国农村研究院提供了大量的暑期调研的机会，使我在地方调研中广泛接触到了地方官员，在与他们交流互动的过程中，深刻体会和感受到其微观的激励动机，这启发了我对地方官员行为动机的分析与研究。另外，中国农村研究院的博士后们对我的启发和帮助很多，在与他们交往中，不仅收获了友谊，更在潜移默化中感受到了研究的趣味，并在他们的言传身教中，不断提升自己的研究能力。

我感谢这五年生命经历中的伙伴们，一路走来，见证了彼此的成长。在“永远的412”中，师兄师姐们各奔精彩前程，有的留校，有的去央企，有的执教高校，有的耕耘机关，在“灯光漂白了四壁”的412，青春的欢乐、泪水和汗水都交织在了一起。在新疆阿克苏、天津西青和广西贺州，那段经历是那么的刻骨铭心，那些领导、前辈和同事，我们一起战斗过，共同做了某些事业，你们总是开心地听着我最新的进展，而我也总是隔三岔五听到你们“高升”的消息，每当心里乏了，干不动的时候，想到你们，心头就又涌起了力量。“中投”小屋子的伙伴们，每天午饭（还想念新保利大厦地下二层食堂的牛肉米粉）后，我们总会走过15层的“思想咖啡”，然后到茶水间拿上果汁，到“小屋子”（会议室）里海阔天空地畅聊家国天下、市场动态，然后很舒服地躺在沙发上小憩30分钟；一路看到你们留在中国投资有限责任公司或在董事会办公室，或在资产配置部，或者去国家开发银行，或者去桥水投资管理有限公司，或者去美国银行，我总会想起那些

“一起开心地笑”。感恩生命中有你们的相伴，感谢您们给予我的爱。

我还要特别感谢两届班级同学们的相互扶持，永远的硕 13 和博 15，很幸运能在这么有爱的班集体里，享受着爱和快乐。特别感谢学院的教授们给予的教诲和指导，感谢高年级师兄师姐们的帮助和鼓励，感谢学弟学妹们对我的厚爱。感谢那些关心和帮助我每一点、每一步成长和进步的善良的人们。诚如爱因斯坦所说，宇宙中一切能量的源泉竟然是爱，爱是宇宙的根本动力所在。

感谢清华大学在我求学期间提供的帮助和支持。清华大学是我梦寐以求的地方，在园子里这五年，让我深刻体味了其魅力和细腻之处，感受到了“自强不息、厚德载物”的精神气质，在与名师益友的交往中，体会到了“顶天立地、为国为民”的胸襟和气度，更学会了要“谦虚谨慎”。清华大学提供了非常棒的求学环境和物质支持，在这里我爱上了读书和运动。我很享受在图书馆看书、写作的感觉，那是一种坐拥书城、与智者对话的美妙感觉；我很喜欢在健身房和操场锻炼运动，酣畅淋漓的感觉。

感谢我的父母对我的养育之恩。感谢生命中遇到的贵人们，特别是求学路上在每个阶段遇到的恩师们。生我者父母，教我者老师，在恩师们的引导、启发和鼓励下，我才能有幸在清华大学攻读博士。并在我热爱的新政治经济学、发展经济学和政府管理等领域学习和积累，有所体悟。

令我特别兴奋和骄傲的是，我即将到国际关系学院国际经济系执教。我对中国经济与政治的研究打动了国际关系学院，下学期我将开设《政治经济学》课程，未来还会陆续开设《中国与世界经济》《中国经济》等课程，能够到国际经济系教书是我学术生涯梦寐以求的事情。我之所以痴迷中国经济的研究，是因为我意识到当下中美冲突的根源在于，中国模式能否为以美国为代表的自由主义接受。我将在执教生涯中加强对中国经济与政治的剖析、探讨与交流，让西方世界更理解中国、更欢迎中国、更拥抱中国。中国是以仁义王道实现中华民族的伟大复兴的，中国值得全世界范围内的尊重与认可。我也希望能够向世界传播更多的中国智慧和中国方案，让世界爱上中国，敬重中国。

谨以此书，敬献给那些为中国发展而不懈努力的人们，那些关心和支持中国发展的可敬的人们。中国发展与民族振兴令我着迷，每当看到先贤英才以自己的实际行动融入这股洪流之中时，我都感到很兴奋，发自肺腑的佩服他们，并勉励自己也要为国家和民族有所贡献和奉献：切实将个人成长和职业发展融入国家富强和民族振兴的伟大事业当中。

自古以来，中国传统士大夫就以家国万民为宏愿。北宋时的大学问家张载就勉励自己：为天地立心，为生民立命，为往圣继绝学，为万世开太平。高山仰止，景行行止。有幸生活于这个伟大的时代，并能将个人的发展融入国家发展和民族振兴的伟大洪流之中，创造和见证盛世中华，令人心潮澎湃。诗言志，曾有拙作，谨在此表达自己的拳拳赤子之心。

《溪山垂钓》

数尺絛纶入碧潭，激流水唱几重山。

男儿非自江上客，万策书生钓龙渊。